요즘 10대를 위한

최소한의
미국사

일러두기 ───────────

- 맞춤법과 외래어 표기는 국립국어원의 용례를 따랐다. 다만 국내에서 이미 굳어진 인명과 지명, 용어의 경우에는 익숙한 표기를 썼다.
- 도서와 논문은《》, 잡지, 신문 등의 간행물은〈 〉로 표기했다.

요즘 10대를 위한

최소한의 미국사

미국을 알아야 오늘날 세계가 보인다

김봉중 지음

우리는 왜
미국을 알아야 할까?

오늘날 세계를 미국 없이 생각할 수 있을까? 국제 정치, 금융 시장, 문화 산업 어디를 봐도 미국은 중심에 서 있다. 미국을 이해하는 순간, 세계가 돌아가는 방식을 파악하는 셈이고, 그 속에서 우리나라의 위치와 우리가 내릴 선택도 또렷해진다.

미국사는 단순히 '외국의 역사'가 아니다. 오늘날 세계를 읽기 위한 필수 교양이며, 복잡한 현실을 해석하는 열쇠다. 근현대사, 정치, 금융, 경제 등 우리가 부딪히는 수많은 이슈가 미국의 결정과 움직임에 깊숙이 연결되어 있다. 《요즘 10대를 위한 최소한의 미국사》는 이런 문제의식에서 시작했다. 입시용 배경지식을 넘어 오늘날 세계를 입체적으로 바라보고 사고하는 힘을 키우기 위한 책이다.

요즘 우리의 10대는 미국과 물리적으로는 멀지만, 심리적으로는 어느 세대보다 가깝다. 패스트푸드, 메이저 리그 야구, 미국 드라마는 이미 일상의 일부다. 한국이 성장하며 미국은 더 이상 '넘볼 수 없는 나라'가 아니라, 비교의 대상이자 쉽게 접하는 존재가 되었다.

그렇다고 친숙함이 곧 이해를 뜻하지는 않는다. 자주 접한다고 제대로 아는 건 아니다. 오히려 가까울수록 오해가 커진다. 우리가 떠올리는 미국은 미디어가 잘라낸 단면일 때가 많고, 그 이미지가 곧 고정 관념이 되어 섣부른 판단을 부른다.

미국은 정치, 경제, 문화 전반에서 우리를 비추는 거울이다. 그 거울은 완벽하지 않다. 민주주의의 한계, 인종 문제, 빈부 격차라는 균열이 그 안에 있다. 그럼에도 미국은 우리 사회를 되돌아보게 하는 중요한 비교 대상이다. 맹목적 동경도, 무조건적 비난도 경계해야 한다.

한국의 10대가 미국을 알아야 하는 이유는 단순히 미국 문화가 멋있고 재미있어서가 아니다. 우리가 보고, 입고, 듣고, 즐기는 많은 것이 미국의 영향을 받고 있기 때문이다. 영향력 있는 대상을 제대로 이해하지 못하면, 우리는 주체가 아닌 흐름에 휩쓸리는 대상이 된다. 미국을 공부하는 일은 단순히 외국을 이해하는 차원을 넘어, 우리가 어떤 사회를 만들지를 생각해보는 과정이다. 친숙함을 넘어 이해로, 소비를 넘어 성찰로 나아갈 때, 미국은 비로소 우리를 비추는 진짜 거울이 된다.

뉴스가 들리고,
세계가 보인다

《요즘 10대를 위한 최소한의 미국사》는 미국의 역사를 처음부터 끝까지 훑는 책이 아니다. 대신 "세계 최강국은 어떻게 탄생했는가"라는 질문에 답하기 위해 꼭 짚어야 할 순간들만 골라 담았다. 정치, 경제, 도시, 사회 네 가지 틀을 통해 미국 사회가 어떤 구조 위에서 형성되었고, 어떤 원리로 움직여왔는지를 보여주고자 했다.

먼저 1장에서는 정치·외교·군사력이라는 틀 안에서 미국의 진짜 힘이 어디에서 나오는지를 살핀다. 왜 주마다 법이 다르고, 왜 표를 더 많이 받고도 대통령이 되지 못하는지, 9.11 테러 이후 미국의 외교 원칙은 어떻게 달라졌는지 등 미국 민주주의와 권력 구조의 작동 방식을 들여다본다. 2장에서는 달러, 월스트리트, 실리콘밸리 같은 키워드를 통해 왜 세계 경제의 중심에는 늘 미국이 있는지 이해해본다. 3장에서는 지역에 주목해, 13개 주에서 50개 주로의 확장, 주요 도시의 역사 등 오늘의 미국 지도가 형성된 과정을 추적한다. 4장에서는 사회적 쟁점인 총기 문제, 인종 갈등, 반이민 정서 등을 통해 미국 사회의 빛과 그림자를 함께 바라본다.

각 글에는 교과와 연결된 세 가지 질문을 덧붙였다. 단순히 읽고 아는 데서 멈추지 않고, 스스로 생각해보고 말해보는 공부로 이어지기를 바랐기 때문이다. 이 책을 통해 청소년 독자는 오늘의 뉴스를 이해하는 배경지식은 물론, 자신의 생각을 논리적으로 정리하고 표현하는 힘까지 함께 기를 수 있을 것이다.

미국의 역사를 들여다보면, 힘이 커질수록 갈등도 함께 커졌다는 사실을 발견하게 된다. 민주주의를 내세우면서도 내부의 불평등을 해결하지 못했고, 자유를 강조하면서도 누군가의 자유를 제한해온 순간들이 있었다. 동시에 위기 속에서 제도를 고치고 방향을 바꾸며 새로운 길을 만들어온 역사이기도 하다. 이 모순과 변화의 과정을 함께 보는 것이야말로, 미국을 이해하는 가장 중요한 출발점이다.

나는 청소년 독자들이 미국을 단순히 '강한 나라'나 '멋진 문화의 나라'로 기억하지 않기를 바란다. 그 사회가 어떤 질문을 던져왔고, 어떤 답을 선택해왔는지를 함께 고민해보기를 바란다. 역사는 정답을 주지 않는다. 대신 판단의 기준을 준다. 그 기준을 바탕으로 우리는 스스로 생각하고 선택해야 한다.

미국의 과거와 현재를 읽는 일은 곧 우리 사회를 돌아보는 일이기도 하다. 우리는 어떤 선택을 하고 있는가. 우리는 무엇을 지키고, 무엇을 바꾸어야 하는가. 이 책이 그 질문을 시작하는 작은 계기가 되길 바란다.

2026년 3월
삼인산 아래에서
김봉중

Contents

REGION

50개 주, 이 넓은 땅을 어떻게 다 차지한 거야?

Part 03

SOCIETY

미국 사회·문화를 이해하는 6가지 키워드

Part 04

Part 01

POLITICS

정치·외교·군사력으로 읽는
미국의 진짜 힘

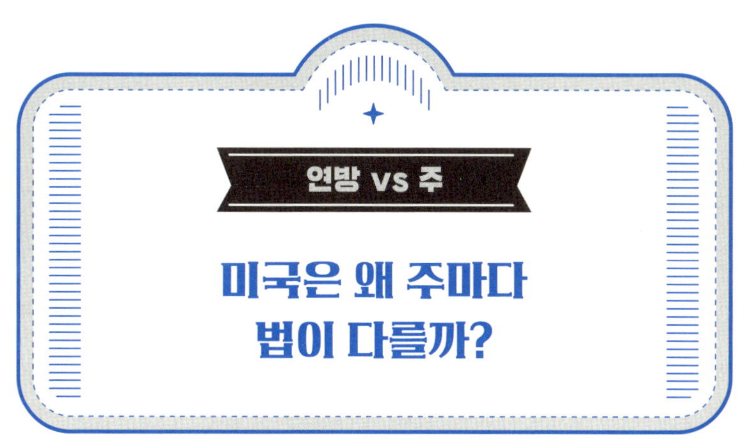

미국은 왜 주마다 법이 다를까?

2016년 대통령 선거에서 공화당 대통령 후보 도널드 트럼프는 불법 이민을 강력히 제재하겠다고 공약했다. 취임과 함께 그는 '대통령 행정 명령'을 발령해서 지방 정부에 구금된 불법 이민자들을 신속하게 추방하라고 명령했다.

그런데 상당수의 주州가 대통령의 행정 명령 이행을 거부했다. 특히, 미국에서 이민자들이 가장 많으며 이민 문제에 가장 민감한 캘리포니아주가 대통령의 명령을 따르지 않았다. 캘리포니아는 불법 이민자라도 미국의 보호를 받을 권리가 있고, 추방되더라도 적법한 절차에 의해 추방되어야 한다며 대통령의 명령을 거부했다.

캘리포니아의 '반란'에 트럼프는 행정 명령을 따르지 않는 지방 정부에는 연방 자금 지원을 중단하는 등 갖가지 불이익을 줄 것이라고 으름장을 놓았고, 법무부를 통해서 캘리포니아를 상대로 소송을 제기했다. 근거는 미국 헌법에서 '탁월한 권한'을 부여받은 연방 정부의 법규를 주 정부가 거부했다는 것이다.

캘리포니아 역시 헌법에 의거해서 트럼프의 행정 명령이 미국 헌법의 기본 원칙인 권력 분립 원칙 위반이라며 트럼프 행정부를 상대로 무려 50여 개의 소송을 제기했다. 이때 언급한 헌법이 수정 헌법 제10조였다. "미국 연방에 위임되지 아니하였거나, 각 주에 금지되지 않은 권력은 각 주나 국민이 보유한다"라는 그 조항을 언급하며 주의 권한을 제한하는 연방 정부의 권력 행사는 비헌법적이라고 맞선 것이다.

각자도생이냐, 연방 결성이냐
13개 식민지의 선택

미국은 공식적으로 아메리카합중국^{the United States of America, USA} 이다. 13개의 주가 연방을 형성해서 시작한 나라이며, 현재는 50개 주와 워싱턴 D.C.(컬럼비아특별구)로 이루어진 연방 국가이다.

미국은 시작부터 중앙(연방) 정부와 지방(주) 정부 간의 갈등으로 점철되었다. 그 갈등의 뿌리는 미국의 모태인 영국의 식민지 시대로 거슬러 올라간다. 종교의 자유든 물질적 욕망이든 사람들은 개인의 의지에 따라 지금의 미국에 정착했다. 온갖 위험을 감수하고 신대륙에 정착한 초기 이주자들과 그들이 만든 식민지 지방 정부는 영국 정부의 과도한 간섭을 가장 경계했다.

그런데 1760년대 중반부터 세금 문제로 영국 정부와 미국 식민지인들 간에 갈등이 폭발했다. 식민지인들의 입장에서는 영국 정부의 과도한 간섭이 문제였다. 결국 이런저런 마찰과 갈등을 겪은 후에 1773년 보스턴 차 사건을 계기로 양측은 돌아올 수 없는 강을 건너고 말았다. 미국의 독립 전쟁이 발발했다.

독립 전쟁에서 승리를 거둔 13개의 식민지는 헌법을 제정하고 미합중국을 건설했다. 1787년에 헌법이 제정되고 다음 해 주들의 비준을 받아 1789년 조지 워싱턴이 초대 대통령으로 취임하며 미합중국의 역사가 시작되었다. 근대사 최초로 헌법에 기초한 연방 정부가 설립된 것이다.

그런데 독립 전쟁에서 승리했다고 해서 13개 주가 곧바로 연방 정부를 결성하지는 않았다. 1783년에 전쟁이 끝났지만 헌법 제정 회의가 열린 것은 그로부터 4년 뒤인 1787년이었다. 독립 전쟁에서 승리했으니 빨리 중앙 정부를 세워서 새로운 연방 국가로 시작해야 하는데, 왜 4년이란 세월이 걸렸을까? 13개 식민지

★ **미국 독립 전쟁**

미국의 13개 식민지가 영국에 저항해 일으킨 전쟁(1775~1783). 근대 최초의 시민 혁명인 이 전쟁으로 미합중국은 독립을 인정받았다.

는 각자 독립국으로, 사실 독립 전쟁 기간 동안 '연합 헌장Articles of Confederation'을 제정하고 연합 의회를 결성해서 중앙 정부 역할을 했다. 하지만 이것은 느슨한 연방체였다. 연합 의회에는 전쟁 수행에 필요한 최소한의 권한만 주어졌다. 통상 규제나 화폐 발행 같은 중앙 정부의 기본적인 권한도 부여되지 않았다. 혹시라도 중앙 정부가 지방 정부의 독립성과 자유를 침해할까 봐 우려한 것이다.

하지만 독립 이후 경제, 외교, 안보 등 산적한 문제들을 극복하기에는 13개 주가 각자도생하는 것보다 연방을 꾸리는 것이 낫다고 판단해서 1787년 연방 결성을 위한 헌법을 만들기 시작했다.

미국 헌법과 정치 제도의 근간이 되는 기본 원칙

그렇다면 미합중국의 기초인 헌법에서 가장 중요한 원칙은 무엇일까? 중앙(연방) 정부와 지방(주) 정부 간의 권력 배분이다. 좀 더 정확히 얘기하면 연방 정부가 주의 독립과 자유를 훼손하지 못하도록 연방 정부에 제한적 권한만 부여한 것이다. 따라서 헌법 제1조 8항에서 제시된 "열거된 권한" 외에는 연방 정부의 권한이 제한된다. "열거된 권한"이란 주로 세금 부과, 상업 규제, 단일 귀화법 제정, 연방 법원 설립, 군대 설립 및 유지, 선전포고 권한 등이다.

한편 "필요하고 적절한" 경우에는 연방이 권한을 행사할 수 있다는 "묵시적 권한"을 허락했다. 이 "묵시적 권한"을 놓고 미국 역사 내내 연방 정부와 주 정부는 마찰을 빚었고, 대법원에서도 그 조항의 해석을 놓고 의견이 분분했다. 연방 정부 입장에서는 필요한 경우 연방 정부의 권한을 어느 정도 행사해야 한다고 해석했고, 주 정부 입장에서는 주의 독립과 자유를 위해서 연방 정부의 권한은 제한되어야 한다고 해석했다.

미국 헌법의 기본 원칙은 '견제와 균형'이다. 입법부, 행정부, 사법부의 견제와 균형도 중요하지만, 연방 정부와 주 정부의 견제와 균형도 미국 헌법에 기초한 미국 정치 제도의 근간이다. 미국 초기 역사는 이 견제와 균형의 원칙을 서로 다르게 해석함으로써 빚어진 갈등과 아픔의 역사였다. 그 클라이맥스가 남북 전쟁이다. 남부 주들은 연방 정부가 노예 제도의 도덕적인 면을 문제 삼아 헌법에서 보장한 주의 자유를 침해했다고 판단하고, 그 자유를 지키기 위해서 총과 칼을 들었다.

남북 전쟁에서 남부 연합이 패배했다고 해서 주 정부의 권한이 약화되지는 않았다. 전쟁 후 연방은 흑인들의 자유와 권익을

★ 남북 전쟁

노예 제도의 폐지를 주장하는 북부와 존속을 주장하는 남부 사이에 일어난 미국의 내전(1860~1865). 남부가 항복하면서 노예 제도는 폐지되었다.

보호하기 위해 수정 헌법을 통과시켰지만, 남부 주들은 헌법에 보장된 주의 권리를 내세우며 해방된 흑인들이 실질적으로 자유를 행사하지 못하게 만들었다. 그래서 남부 흑인들은 이후 100여 년 동안이나 연방법보다는 주법의 틀에 갇혀서 진정한 자유를 얻지 못하고 고통받았다.

연방법이 주법에 우선하는
'선점 원칙'의 예외 조항

남북 전쟁 이후 미국은 급속한 산업화를 겪었다. 경제 강국으로 부상하면서 주보다는 연방의 중요성이 부각되었고, 연방 정부의 권한과 위상이 높아져갔다. 하지만 여전히 연방과 주 간에 '견제와 균형'을 놓고 씨름을 계속했다. 그 씨름은 지금까지도 이어지고 있다. 앞서 살펴본 트럼프의 이민 정책뿐만 아니라, 동성 결혼, 낙태, 총기 소유, 건강 보험 등 여러 이슈에서 연방 정부와 주 정부는 첨예한 갈등을 벌이고 있다.

　일반적으로 연방법이 주법보다 위에 있는 것은 사실이다. 이를 헌법적으로는 '선점 원칙'이라고 한다. 하지만 연방법보다 주법이 주민들에게 더 많은 권리를 제공한다면 주법이 우위에 선다. 20세기 초, 연방법으로 금주법이 제정되고 도박이 금지되었지만, 네바다주가 금주법을 폐지하고 도박을 합법화한 것이 대표적인 예이다. 네바다주는 주의 경제 활성화와 주민들의 권리 증진을 위해 이렇게 파격적인 선택을 했다. 하지만 주와 연방 정부의 법률이 충돌하는 경우에는 '선점 원칙'에 따라 주 또는 지방이 양보하는 경우가 대부분이다. 단, 연방법이 '위헌 소지'가 없어야 한다.

앞서 살펴보았듯이 캘리포니아주는 트럼프의 연방 이민법에 위헌의 소지가 있다고 보고 소송을 제기했다. 이처럼 '위헌 소지'를 내세워서 주 정부가 연방법에 제동을 걸 수 있기 때문에, 연방 정부는 '선점 원칙'에 의해 독단적으로 권력을 행사할 수 없다.

그렇다면 양심이나 도덕적 이슈에 관해 연방법과 주법이 충돌할 경우에는 어떻게 해결할까? 대체로 국가 안보나 연방 전체의 경제적 이익을 위해서는 연방법 우위 원칙에 별다른 도전이 없다. 그러나 양심과 도덕적 문제에 관련해서는 논란이 많다. 그 대표적인 이슈가 동성 결혼이다. 법적으로 남성과 여성의 결합만 결혼으로 인정할지 동성의 결합도 인정할지를 놓고, 연방 정부와 주 정부가 충돌하고 있다. 주 정부 간에도 의견이 갈린다.

연방의 통합이 우선이냐, 주의 권리가 우선이냐

트럼프 집권 동안 불거진 불법 이민자 추방에 대한 연방과 캘리포니아주 간의 갈등은 미국 연방의 특성을 잘 보여준다. 미국의

‘건국의 아버지들’은 미국인의 자유를 보장하기 위해 연방이나 주
정부가 과도한 권력을 행사하지 못하도록 ‘견제와 균형’의 원칙에
입각해서 헌법을 제정했다. 하지만 미국은 연방의 통합이 우선이
냐, 주의 권리가 우선이냐를 놓고 끊임없이 갈등을 겪어왔다. 이
것은 근대 최초로 왕정의 사슬을 끊고 민주주의의 원칙에 의거해
서 연방을 건설한 미합중국의 태생적 한계이다.

　　헌법은 명확하지 않고, 상황에 따라 서로 다른 해석의 여지를
남겼다. 이것이 미국의 통합을 막고 혼란을 야기하곤 한다. 하지
만 애매하고 허점투성이인 그 헌법이 지금까지 연방을 붙들고 있
고, 무엇보다도 연방이든 주든 독재적인 권력을 남용하지 못하게
했다. 연방과 주의 갈등이 미국의 민주주의를 혼란스럽게 만들 수
도 있다. 그러나 이는 독재자의 출현을 막고 ‘견제와 균형’을 추구
하는 미국의 민주주의를 지키는 데 필요 불가결한 것이라 할 수
있다.

조지 워싱턴, 토머스 제퍼슨, 존 애덤스, 제임스 매디슨, 벤저민 프랭클린 등
미국의 독립과 헌법 제정을 주도하고 새로운 국가의 기틀을 마련한 정치인과
사상가들.

1 미국 헌법의 가장 중요한 기본 원칙은 무엇인가요?

2 연방법이 주법보다 우선하는 원칙을 무엇이라고 하나요?

3 한국에서 '조례'란 무엇인지 찾아보고, 지역마다 다른 조례의 예를 들어보세요. (지방 자치)

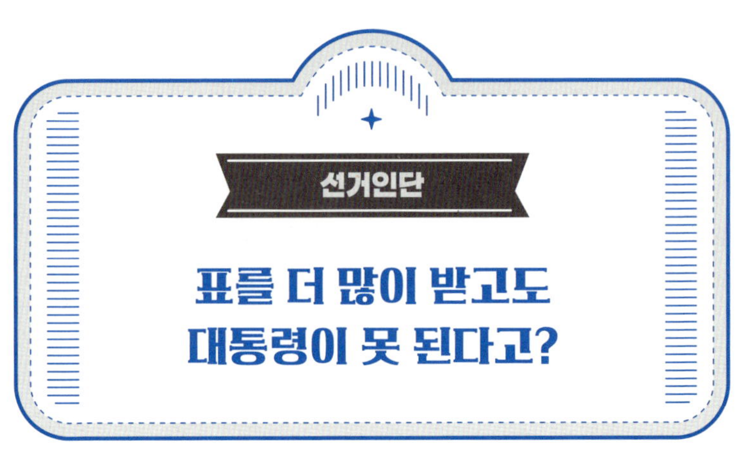

"국민의, 국민에 의한, 국민을 위한 정부."

에이브러햄 링컨의 외침은 시대와 국가를 초월해서 민주주의의 궁극적인 원칙이자 목표이다. 그런데 국민은 다양하므로 그 다양한 국민들을 대변해서 하나의 정치적 묶음으로 구성되는 것이 정당이다. 정당은 다양할 수밖에 없고, 각 정당은 선거를 통해서 권력을 쟁취하려고 분투한다. 그렇기에 정당 간의 대결과 그로 인한 혼란은 민주주의에서 자연스러운 것이다. 그 혼란이 불편해서 과도한 통합과 화합을 추구할 경우, 일당 독재가 들어선다. 민주주의는 파괴되고, 해당 구성원들뿐만 아니라 주변 혹은 전 세계에 더 큰 혼란과 아픔을 가져온다.

정당과 정당의 역할 없이는 민주주의를 생각할 수 없다. 국민 개개인은 정당의 간판 아래 자신의 정치적 신념을 맡기고, 정당은 맡긴 자들의 목적에 부응하도록 책임과 의무를 다한다. 공화정에서 주권은 국민에게 있지만, 그 주권을 실질적으로 지켜내는 기구는 정당이다. 그래서 근대 최초의 공화정으로 탄생한 미국의 민주주의가 어떻게 작동했으며, 그 과정에서 정당 정치가 어떤 역할을 했는가는 민주주의를 실행하고 있는 국가들에게 중요한 시사점을 던져준다.

공화당과 민주당의 주기적인 정권 교체

미국은 건국 이후 정당의 이름이나 성격에서 약간의 변화는 있었지만, 근본적으로 지금의 공화당과 민주당으로 구축된 양당 제도는 변함이 없었다. 다른 서구 나라들과 비교해도 미국의 양당 제도는 언뜻 이해가 되지 않는다. 의회 민주주의를 놓고 보면 미국보다 더 오랜 역사를 자랑하는 영국이나, 미국과 국경을 맞대고 있는 캐나다도 처음에는 자유당과 보수당의 양당 체제로 시작했지만 이내 수많은 군소 정당으로 분열되었다. 독일도 마찬가지이다. 여러 개의 정당이 각기 다른 이념과 목표를 가지고 연방 의회의 과반을 차지하기 위해 경쟁하며 때론 연합한다.

이민의 나라이며 지구상에서 다문화주의 색채가 가장 뚜렷한 미국은 다양한 구성원의 이익을 대변하는 다당제가 타당할 것이다. 그런데 정반대로 가장 강력한 양당 제도로 정착되었다. 그뿐만 아니라 미국은 주기적으로 정권 교체가 이루어진다. 20세기만 한정해서 보더라도 한 정당에서 12년 동안 대통령을 배출한 경우는 딱 두 번밖에 없다. 1920년부터 1932년까지 공화당이 그랬고, 1980년부터 1992년까지 역시 공화당이 그랬다. 그 외에는 어느 정당도 세 번 연속으로 대통령을 배출하지 못했다. 마치 약속이나 한 듯이 주기적으로 평화로운 정권 교체가 이루어지고 있다. 어떻게 그것이 가능할까?

선거인단 제도와 '승자 독식 원칙'

미국은 4년마다 11월 첫째 월요일이 있는 주의 화요일이 대통령 선거일이다. 유권자 누구나 투표를 한다. 하지만 유권자는 대통령을 직접 뽑는 투표를 하는 것이 아니라 인구 비례에 의해 해당 주

> **★ 선거인단**
>
> 각 주의 유권자들이 뽑은 대표들. 미국은 국민이 직접 대통령을 뽑지 않고, 선거인단이 대통령과 부통령을 선출하는 간접 선거 제도를 채택하고 있다.

에 할당된 선거인단을 결정하는 투표를 한다.

선거인단 투표권 수는 각 주의 상원 의원과 하원 의원 수만큼이다. 상원은 임기 6년으로 주 인구의 크고 작음과 상관없이 각 주에 2명을 할당하고, 하원은 2년 임기로 주 인구에 비례해 할당한다. 이렇게 상하원을 합친 수가 선거인단 수가 된다. 현재 캘리포니아주가 54명(하원 52명+상원 2명)으로 선거인단이 가장 많다. 그다음은 40명의 텍사스주, 28명의 뉴욕주와 플로리다주순이다.

대통령 선거에서는 '승자 독식의 원칙'이 적용된다. 예컨대, 민주당 후보가 캘리포니아 유권자 총 득표에서 단 1표 차이로 승리하더라도 캘리포니아에 배정된 54명의 선거인단 투표수를 전부 가져가는 것이다. 다음 글에서 살펴볼 '스윙 스테이트 swing state'로 분류되는 펜실베이니아, 노스캐롤라이나, 오하이오, 인디애나 4개 주의 인구를 다 합해도 캘리포니아 인구보다 적지만, 이 4개 주의 선거인단 총수는 64표로 캘리포니아의 54표보다 많다. 대통령 후보가 유권자 총 득표수에서 승리했다 하더라도 선거인단 수에서 뒤지면 선거에서 패배할 수밖에 없다. 2016년 선거에서 힐러리 클린턴이 그랬다.

승자 독식 원칙하에서 현실적으로 제3당이 선거에서 이길 확

★ 승자 독식의 원칙

한 주에서 득표율 1위를 차지한 후보가 그 주에 배정된 선거인단을 모두 가져가는 제도. 소수 정당에 불리하게 작용한다.

률은 없다. '건국의 아버지들'이 헌법을 만들면서 제도적으로 그렇게 만들었기 때문이다. '건국의 아버지들'이 연방 정부를 구성할 때 가장 우려한 것 중의 하나가 선동가의 출현이었다. 자칫 무지한 국민들을 현혹해서 '견제와 균형'을 흐트러뜨릴 수 있는 인물이 제3당을 만들어서 인기몰이를 할까 봐 걱정한 것이다.

양당 제도에 도전한 제3당의 역사

미국 역사에서 제3당이 양당 제도에 도전하곤 했다. 가장 대표적인 것이 1850년대에 등장한 '미국당American Party'이라는 제3당으로, '무지당Know Nothing Party'으로 불렸다. 당의 강령을 묻는 질문에 "모른다"라고 대답해서 "아무것도 모르는 당"이라는 뜻에서 유래한 이름인데, 사실은 아일랜드 이민자들을 막으려고 극렬한 반이민 운동을 주도했다. 1856년 선거에서 미국당은 밀러드 필모어를 대통령 후보로 대선에 도전했지만, 연방당을 승계한 휘그당과 남부의 이익을 대변하는 민주당의 양당 구도에 밀려서 총 288석의 선거인단에서 고작 8석만 차지했다.

19세기 후반에도 제3당의 도전이 있었다. 남북 전쟁 이후부터 19세기 후반까지 미국은 급속한 산업 혁명을 겪으면서 빈부 격차의 문제와 자본가 대 노동자의 대결 그리고 금 본위 대 은 본위 제도와 같은 통화 문제가 급부상했다. 이런 시대적 상황에서 노동자와 농민의 이익을 대변하는 인민당People's Party이 등장해서 기존의 공화당과 민주당 양당 제도에 도전했다. 1892년 대통령 선거에서 인민당 후보 제임스 위버는 총 444석의 선거인단에서 22석을 획득(총 득표수의 8.5%)해서 역대 제3당 대통령 후보로는 최대로 득표했지만, 기존의 양당 제도를 흔들지는 못했다. 1912년 선거에서는 사회당의 유진 데브스가 대선에 도전해서 전체 득표수에서 6%를 획득했지만, 한 석의 선거인단도 차지하지 못했다.

1968년 선거에선 흑백 분리주의를 내걸고 미국독립당으로 출마한 조지 월리스가 전체 선거인단 538석에서 46석을 차지하는 등 선전했지만, 흑인 민권 제도가 정착되면서 사실상 유명무실한 당으로 전락했다. 1992년 선거에는 재벌 사업가 로스 페로가 상당한 이슈 몰이를 하며 무소속으로 대통령 선거에 출마했지만, 선거인단을 한 석도 차지하지 못했다. 그는 1996년 선거에서 개혁당을 설립해서 재도전했지만 결과는 이전보다 못했다.

대공황이 바꿔놓은
미국의 지역주의

미국은 건국 이후부터 지금까지 양당 구도의 틀을 벗어나지 못했다. 지금의 공화당과 민주당의 양당 구도도 무려 170년간 지속되고 있다. 물론 각 당의 성격에는 변화가 있었다. 1860년 선거에서 링컨을 당선시킨 공화당은 노예 제도를 반대하는 북부당이었으며, 민주당은 노예 제도를 지지하는 남부당이었다. 19세기 후반에 이르면서 금 본위 제도 대 은 본위 제도 등을 비롯한 여러 사회 경제적인 노선에 의해 공화당은 자본가의 이익을 대변했고, 민주당은 인민당을 흡수해서 노동자와 농민을 포함한 반자본가 성향의 당이 되었다. 하지만 각 당의 지역 지지도는 예전과 별 차이가 없었다. 공화당은 북쪽, 민주당은 남쪽에서 우세를 보였다. 지금의 추세와는 정반대였다.

그렇다면 현재처럼 북부와 극서부에서 민주당이 강세를 보이고 남부에서 공화당이 강세를 보이게 된 계기는 무엇일까? 그 시작점은 대공황이었다. 1929년 대공황이 발발하자, 1932년 선거에서 16년 만에 민주당의 프랭클린 루스벨트가 공화당의 독주를 저지하며 대통령에 당선되었다. 사상 최악의 경제 위기를 맞이하여 민주당이 강세이던 남부뿐만 아니라 북부와 극서부 지역에서도 루스벨트는 압도적인 지지를 받았다. 하지만 루스벨트가 뉴딜 정책의 일환으로 흑인들을 배려하는 정책을 펴자 남부 백인 유권자들이 서서히 민주당에 등을 돌리게 되었다. 게다가 1960년대 민주당이 '위대한 사회' 기치를 내걸고 뉴딜 정책의 기조를 지속하자, 남부의 민주당원들이 공화당으로 당적을 바꾸기 시작했다. 공화당은 1980년 로널드 레이건 후보부터 낙태 금지와 공립 학교 기도 부활 등과 같은 강한 보수 기독교 정책을 펴면서 기존의 남부 민주당의 표를 석권했다. 이후 지금 같은 양당 구도가 구축되었다.

이렇듯 미국의 양당 제도는 시대의 흐름에 따라 변화했고, 그 흐름의 가장 큰 변수는 지역주의였다. 건국 직후부터 남부와 북부 지역에 근거한 양당 구도는 지금까지 근본적으로 변함이 없다. '건국의 아버지들'은 선동가의 등장을 막기 위해 승자 독식의 원칙에 의한 선거인단 제도를 만들었지만, 이는 결국 제3당의 출현을 막으면서 지역주의에 근거한 양당 제도를 더욱 확고하게 만들 뿐이었다. 이러한 미국의 독특한 민주주의 방식이 세계 민주주의 역사에서 어떠한 평가를 받을지 알려면 더 많은 시간이 필요할 것이다.

생각의 깊이를 더해주는 최소한의 질문들

1 현재 선거인단 수가 가장 많은 주는 어디인가요?

2 건국의 아버지들이 제3당의 등장을 경계한 이유는 무엇인가요?

3 우리나라의 대통령 선거는 직접 선거인가요, 간접 선거인가요? 미국과 비교해보세요. **(선거 제도)**

미국 대통령 선거는 대체로 스윙 스테이트의 결과에 따라 당락이
결정된다. 스윙 스테이트는 우리말로 경합 주^{state}로 번역된다. 이
용어는 1936년 〈뉴욕 타임스〉가 당시 재선에 도전한 프랭클린 루
스벨트 대통령이 캘리포니아에서 "한 방의 스윙"으로 승리했다는
표현을 기사에 쓰면서 사용되기 시작했다. 이후 '스윙'은 단어 자
체가 갖는 '움직이는' 혹은 '변화가 있는'이라는 뜻처럼, 선거 때마
다 지지 당이 변화한다는 의미로 사용되었다. 아주 쉽게 생각하
면, 그네가 영어로 '스윙'인데, 민주당 바람이 불면 민주당 쪽으로,
공화당 바람이 불면 공화당 쪽으로 기우는 주를 일컫는다. 한마디
로 특정 정당에 대한 충성도가 낮은 주들로, 선거 때마다 지지 당

2020년 선거에서 지지 정당이 바뀐 스윙 스테이트 다섯 곳

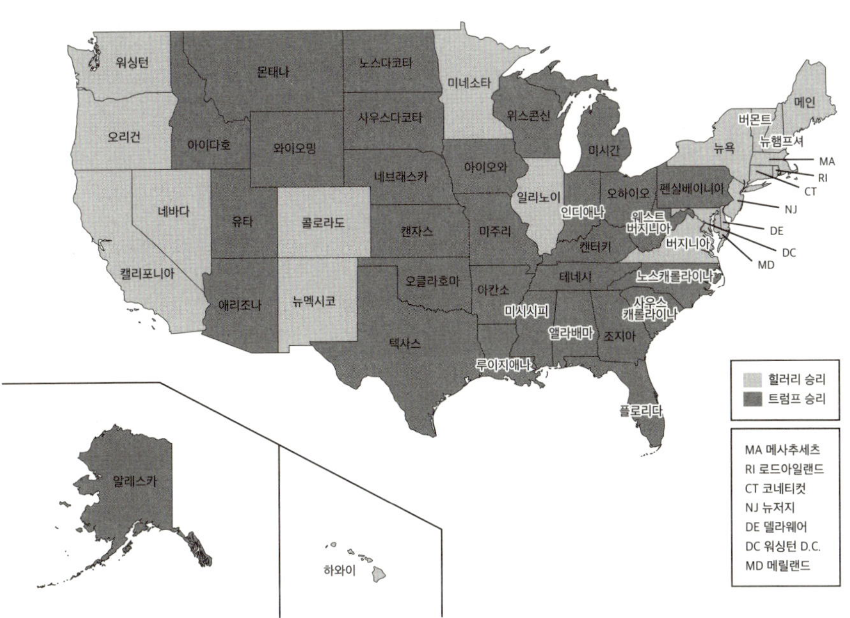

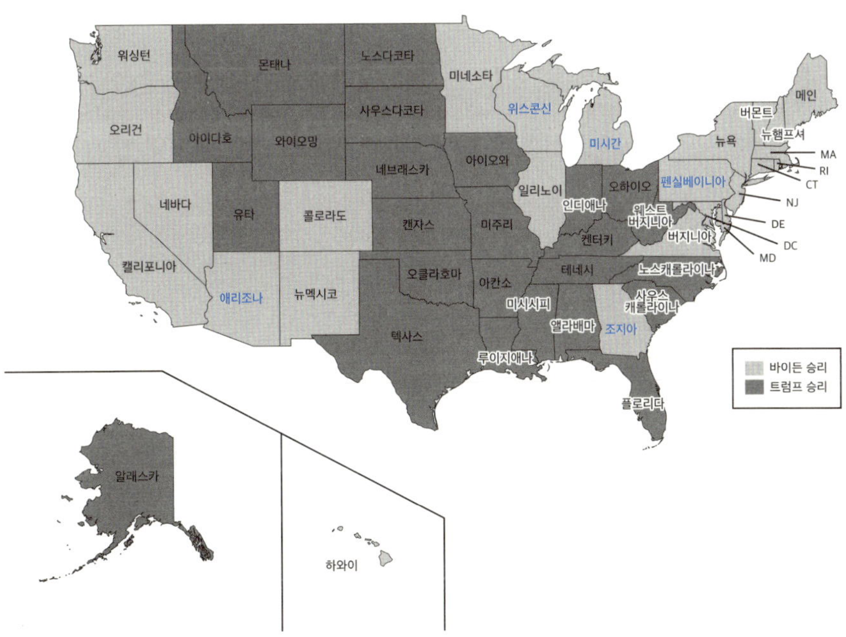

이 변하는 지역을 말한다.

미국의 선거는 승자 독식 원칙에 근거한 선거인단 선거를 특징으로 하기에 스윙 스테이트가 선거의 당락을 결정하는 경우가 많다. 2000년 대선 이후 50개 주 중 38개 주가 같은 정당에 투표했기 때문에 어느 주가 민주당 후보에게 투표할지, 어느 주가 공화당 후보에게 투표할지 비교적 쉽게 예측할 수 있다. 예컨대, 뉴욕은 항상 민주당에 투표하고, 텍사스는 항상 공화당에 투표한다. 대체로 남부 주들은 보수 성향이 강해서 공화당에 투표하고, 북쪽으로 갈수록 민주당에 투표하며, 캘리포니아를 포함한 태평양 연안의 주들도 진보 성향이 강해서 민주당에 투표한다. 미국은 역사적으로 지역 구도에서 크게 벗어나지 못하고 있다. 물론 이 지역 구도는 단순히 지리적인 구도라기보다는 남과 북의 성향 차이에서 온 것이다.

최근 부상하고 있는 대표적인 스윙 스테이트

우선 최근 선거에서 대표적인 스윙 스테이트로 부각된 주들을 살펴보자. 펜실베이니아는 19석의 선거인단을 가진 중대형 주로서 대표적인 스윙 스테이트로 부상하고 있다. 미국 건국의 모체인 13개 주 중 하나이자 미국 헌법의 초안이 작성된 주로서 역사적으로 중요한 상징성을 갖고 있다. 그래서 펜실베이니아는 '주 춧돌 주Keystone State'라고 불린다. 2016년 선거 이전, 펜실베이니아 는 여섯 번의 선거에서 연속으로 민주당 후보를 뽑았다. 그런데 2016년 선거에서는 공화당의 트럼프를 선택했다. 2020년에는 다 시 민주당으로 기울어서 바이든을 선택했다.

펜실베이니아의 변화는 최근의 스윙 스테이트들이 갖는 정치 적, 사회적, 경제적 특징을 잘 대변한다. 펜실베이니아의 농촌 지 역은 보수 성향이 강해 공화당에 투표하는 반면, 필라델피아와 피 츠버그 같은 대도시는 민주당 성향이 강하다. 그러나 최근 몇 년 동안 전통적으로 민주당을 지지하던 펜실베이니아 남서부 지역 이 공화당 쪽으로 기울고 있다. 그 이유는 미국 제조업의 붕괴와 밀접한 관계가 있으며, 농민은 물론이고 노동자 계층이 공화당으 로 선회하고 있기 때문이다.

대체로 대학 교육을 받지 못한 백인 인구가 증가하면서 펜실 베이니아는 남부 성향으로 변하고 있다. 또한 백인 우월주의, 반 이민, 반낙태, 반동성결혼, 반총기규제 등을 표방하며 빠르게 남 부화가 진행되고 있다. 2020년 선거에서 민주당의 바이든이 펜실 베이니아에서 승리한 이유는 필라델피아와 같은 동부 도심 지역 의 표 때문이지, 남서부의 농촌 지역에선 큰 변화가 없었다.

위스콘신주나 미네소타주 그리고 노스캐롤라이나주 등도 마 찬가지이다. 선거인단 10표가 있는 위스콘신주는 1940년대 중반 부터 1984년까지 공화당 성향이 강했는데, 1984년부터 민주당 성향으로 바뀌었다가 2016년 선거에서 트럼프가 근소한 차이로 승리를 거뒀고 2020년 선거에서는 바이든이 근소한 차이로 승리했다. 밀워키와 같은 대도시 지역과 위스콘신 주립 대학교가 위치한 매디슨 카운티는 민주당이 강세지만 그 밖의 농촌 지역에서는 공화당이 강하다.

선거인단 16표가 있는 노스캐롤라이나도 대표적인 스윙 스테이트이다. 대부분의 남부 주와 마찬가지로 노스캐롤라이나는 공화당의 강세 주였다. 하지만 2008년 선거에서 민주당의 버락 오바마가 노스캐롤라이나에서 승리하며 이변을 낳았다. 2016년 선거와 2020년 선거에서 공화당의 트럼프가 승리했지만, 차이는 매우 근소했다. 남부 주에 속하지만 근소한 차이로 공화당이 승리한 이유는 노스캐롤라이나 주립 대학교, 듀크 대학교, 노스캐롤라이나 대학교 등이 위치한 대규모 대학 타운 지역에서 민주당이 압도적으로 강하기 때문이다.

정치적으로 가장 분열된
플로리다주의 선택

대체로 스윙 스테이트는 지리적으로 남과 북의 경계에 위치한 경우가 많은데, 최근에는 남부에 위치하지만 주요한 스윙 스테이트로 등장한 주가 있다. 바로 현재 선거인단 30표를 가진 플로리다이다. 남부 주의 선거인단 수에서는 텍사스 다음으로 많기 때문에 선거 때마다 플로리다는 주요 관심 주가 되었다. 가장 유명한 예가 2000년 선거였다. 공화당의 조지 W. 부시가 단 537표 차이로 (득표율 0.009%) 민주당의 엘 고어를 겨우 이겼다. 고어는 국민 총 투표수에서는 이겼으나 플로리다에서의 패배로 선거인단 수에서 밀려서 대통령에 당선되지 못했다.

스윙 스테이트 중에서 가장 큰 규모를 자랑하는 플로리다는 정치적으로 가장 분열된 지역이기도 하다. 1996년부터 플로리다는 공화당과 민주당 양당을 오가며 선거에 가장 큰 변수가 되었다. 1996년에는 민주당의 빌 클린턴, 2000년과 2004년에는 공화당의 조지 부시, 2008년에는 민주당의 버락 오바마, 2016년과 2020년에는 트럼프가 승리했다. 이 모든 선거에서 승자와 패자는 불과 1~2%포인트 차이로 갈렸다.

왜 남부에 속한 플로리다는 이러한 변화를 보일까? 플로리다는 지리적으로 남부에 위치하지만, 전형적인 남부 주라고는 할 수 없다. 플로리다에는 미국에서 두 번째로 많은 외국 출신 유권자가 거주한다. 플로리다주 인구의 3분의 2는 플로리다 밖에서 태어난 것으로 나타났다. 따뜻한 날씨로, 미국의 은퇴자들이 찾는 대표적인 거주 지역이 되면서 북부 사람들이 많이 이주하며, 이민자들도 많이 거주한다. 특히 가까운 쿠바 출신들이 많아 히스패닉 인구가 플로리다 전체 인구의 23%를 넘는다. 미국 전체 히스패닉 인구가 17%인 것을 고려하면 매우 높은 수치다. 마이애미와 같은 대도시의 영향으로 흑인 인구도 미국 평균인 13%보다 높은 17%를 차지하고 있다. 선거인단의 다양성 측면에서 플로리다주는 세 부분으로 나눌 수 있는데, 남부는 민주당, 북부는 공화당, 중부는 경합 지역이다.

최근에 스윙 스테이트로 급부상하고 있는 또 다른 주는 선거인단 11표를 가진 애리조나이다. 지역으로는 서부, 성향으로는 남부라고 할 수 있는 애리조나주는 2020년 선거에서 조 바이든을 선택했다. 이변이었다. 애리조나주는 1952년 선거부터 공화당 강세 지역으로, 1996년 선거에서 클린턴을 선택한 것을 제외하고 늘 공화당 후보가 승리한 곳이다. 그런데 근소한 차이이긴 하지만 2020년 선거에서 민주당이 승리했다. 이는 현재 미국에서 네 번째로 인구가 많은 피닉스 때문이다. 피닉스는 한동안 백인 우월주의 도시라는 불명예를 벗지 못했지만, 급속히 늘어나는 히스패닉 인구와 애리조나 주립 대학이 소재한 템피 등을 중심으로 개혁적인 성향으로 변화하고 있다.

미국 민주주의의 특징이자 전통이 된 스윙 스테이트

최근 미국은 보수-진보의 극단적인 진영 대결이 격화되면서, 스윙 스테이트의 결정이 그 어느 때보다 대통령 선거에서 큰 변수로 부상하고 있다. 도대체 어떤 역학 관계가 스윙 스테이트의 성격을 만드는 것일까?

가장 큰 변수는 이념의 양극화 현상이다. 미국은 인종적으로나 문화적으로 갈수록 더욱 다양화되고 있다. 이에 따라 유권자들의 생각이나 가치관도 다양화되는 것이 마땅해 보이지만, 미국의 보수-진보의 양극화는 갈수록 심화되고 있다.

세상이 복잡할수록 사람들은 단순하고 명확한 해법을 찾는 경향이 있다. 최근 몇 년 동안 당파적인 TV 채널과 뉴스 웹사이트의 증가로 유권자들이 같은 생각을 가진 전문가들의 의견만 듣게 되면서 이념적으로 뚜렷하게 갈리기 시작했다. 게다가 유튜브와 각종 소셜 미디어가 넘쳐나면서 한번 자리 잡은 생각의 알고리즘은 쉽게 변하지 않게 되었다. 더 짧고, 더 명쾌하며, 더 자극적인 미디어 알고리즘의 팽창으로 유권자들의 생각과 판단은 더욱 편향되고 있다. 이런 정파적 미디어 소스의 확산이 양극화를 강화시키며 어느 한 정당이나 후보를 일관되게 지지하는 유권자층을 더욱 결집하게 만들고 있다.

스윙 스테이트가 미국 민주주의에 유익한지 그렇지 않은지는 알 수 없지만, 미국 민주주의의 특징이자 전통이 된 것은 사실이다. 만약 미국의 오랜 지역주의를 깰 수 없다면 스윙 스테이트의 존재는 미국의 민주주의에 매우 중요할 수밖에 없다. 스윙 스테이트가 글자 그대로 계속해서 변화무쌍한 주로 남아 있어야 미국의 민주주의가 건강해질 수 있다. 만약 스윙 스테이트가 갈수록 줄어든다면, 그것은 그만큼 미국의 이념적 양극화가 가속화되고 심화된다는 방증이다. 스윙 스테이트의 폭과 역할의 축소는 곧 미국 연방과 미국 민주주의에 치명적인 요소가 될 것이다.

1 스윙 스테이트에서 민주당이 강세인 곳은 주로 대도시인가요, 농촌인가요?

2 유권자들의 이념적 양극화를 심화시키고 있는 주요 원인은 무엇인가요?

3 우리나라 선거에서도 지역에 따라 특정 정당을 지지하는 경향이 있는지 함께 이야기해보세요. (선거와 지역주의)

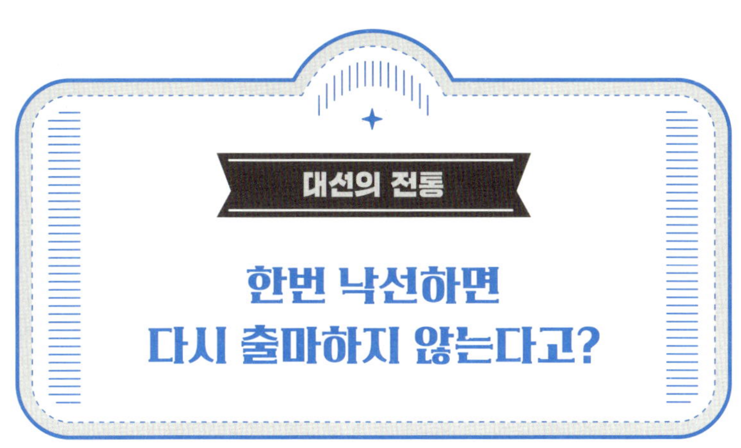

2016년 대선에서 힐러리 클린턴 민주당 대통령 후보는 공화당의 도널드 트럼프에게 간발의 차이로 패배했다. 국민 총 투표수에서는 트럼프에게 앞섰지만, 선거인단 수에서 뒤집혀서 대통령의 꿈이 무너졌다. 선거 이후 힐러리는 정치권에서 조용히 사라졌다. 많이 아쉬웠을 것이고, 지지층도 두터웠으므로 다음 대선에 충분히 도전할 만했다. 하지만 다음 대선에 출마하지 않았다. 그뿐만 아니라 별다른 정치적 행보를 하지 않았다. 2020년 민주당 대통령 후보 경선에도 참여하지 않았다.

제42대 대통령을 지낸 빌 클린턴 대통령의 부인이고, 오랫동안 연방 상원 의원을 지냈으며, 버락 오바마 대통령 시절에 국무 장관을 역임하며 국내외 문제에 다양한 경험을 소유한 힐러리가 대선 실패 이후 사실상 정계에서 사라진 것은 언뜻 이해가 되지 않는다. 그런데 미국의 역사에서 대통령 후보가 선거에서 패배한 후 다시 대선에 도전하지 않는 경우는 이때가 처음이 아니었다.

2000년 대선에서 민주당의 엘 고어 후보가 힐러리와 거의 같은 상황으로 낙선했다. 국민 총 투표수에서는 앞섰지만, 선거인단 수에서 간발의 차이로 공화당의 조지 W. 부시에게 패배했다. 선거 이후 그는 정치권의 '큰 손'으로 남지 않고, 다시 의회로 돌아가서 '환경 대통령'이란 별명을 얻을 정도로 환경 문제에 총력을 기울이는 상원 의원이 되었다. 그 공로로 그는 2007년에 노벨 평화상을 수상했다. 고어는 이후 대선에 재도전하지 않았다.

고어나 힐러리 클린턴은 국민 총 투표수에서 앞설 정도로 강력한 대통령 후보였고, 민주당 내에서 입지가 컸지만, 대선 실패 후 다음 대권을 준비하거나 우리가 흔히 말하는 '계파'를 만들지도 않았다. 그래서인지 미국에선 '계파'라는 용어조차 생소하다.

미국의 정치 문화에서 가장 특이한 점

고어나 힐러리의 '조용한 행보'가 미국 역사에서 이례적인 것일까? 그렇지 않다. 미국 역사에서 대선 실패 후 심기일전해서 다시 도전하는 경우는 흔치 않다. 대통령도 재임에 실패한 후 다시 도전하는 경우가 거의 없다. 가까운 예로, 1996년 선거에서 '아버지 부시George H. W. Bush'는 재선에 실패한 후 다시 도전하지 않았다. 그는 미국 역대 대통령 가운데 임기 중에 가장 높은 지지도를 획득한 대통령이다. 그리고 제1차 걸프 전쟁의 영웅이었다. 이라크의 사담 후세인이 쿠웨이트를 침공하자 신속하고 단호하게 전쟁을 시작해서 쿠웨이트를 해방시켰다. 그는 무려 89%라는, 미국 역사상 전무후무한 지지율을 기록한 대통령이다. 하지만 1992년에 재선에 실패했다. 미국의 경제가 발목을 잡았기 때문이다. 공화당 내에서 그의 입지나 국민들의 지지도도 높았지만, 부시는 1996년 선거에 출마하지 않았다. 이후 정치적 행보를 거의 하지 않았다. 그는 순식간에 미국에서 잊힌 정치인이 되었다. 물론 그에 대한 긍정적인 평가 덕분에 2000년 선거에서 그의 '아들 부시George W. Bush'가 대통령에 당선되기는 했지만, 아버지 부시는 정치권의 큰손이 되기를 거부했다.

시곗바늘을 앞으로 돌리면 이런 사례는 계속된다. 1976년 제럴드 포드가 그랬다. 포드는 리처드 닉슨 대통령이 '워터게이트' 스캔들로 중도 하차하자 부통령으로서 대통령이 되었다. 하지만 1976년 선거에서 근소한 차이로 민주당의 지미 카터에게 패배했다. 그가 다음 대선에 출마할지가 미국인들의 관심사가 되었다. 1980년 공화당 경선에서는 현직 대통령 지미 카터의 재선을 막기 위해서 포드가 다시 도전해야 한다는 목소리가 커져갔다. 하지만 포드는 1980년 3월에 자신의 출마로 공화당이 분열하는 모습을 보어서는 안 된다며 출마하지 않겠다는 입장을 밝혔다. 이후 포드는 정치권에서 조용히 사라졌다.

지미 카터도 마찬가지였다. 석유 파동 등으로 경제적 위기를 맞고, 이란 혁명으로 미국인 66명이 미 대사관에 인질로 붙잡히는 사건이 발생하면서 카터는 1980년 재선에 실패했다. 이후 카터는 민주당뿐만 아니라 정치권에서 멀어져갔다. 다만, 그는 인권 외교의 전도사로서 전 세계를 돌아다니며 인권 증진과 세계 평화를 위해 혼신의 힘을 쏟았다. 1994년에는 빌 클린턴 대통령의 특사 자격으로 북한을 방문하기도 했다.

미국의 정치 문화에서 특이한 점은 재임에 실패한 대통령이나 대선에서 떨어진 정치인들이 다시 출마하는 경우가 드물다는 것이다. 이런 정치 문화는 어떻게 형성되었을까?

워싱턴 대통령이 남긴 거대한 역사적 유산

이러한 정치 문화의 뿌리를 이해하기 위해서는 초대 대통령 조지 워싱턴부터 살펴볼 필요가 있다. 미국 독립 전쟁 총사령관이자 미국 건국을 주도한 워싱턴은 그야말로 미국의 국부로 존경받았다. 사실 그는 첫 번째 대통령 임기를 마치고 정계에서 은퇴하려고 했다. 하지만 다른 '건국의 아버지들'이 만류했다. 어렵게 시작된 미합중국은 안팎으로 매우 어수선했으므로 그들은 초대 대통령에게 한 번 더 대통령이 되어달라고 간청했다. 워싱턴은 할 수 없이 이를 받아들였지만, 그것으로 끝이었다. 1796년 선거에는 출마하지 않았다.

헌법에는 대통령의 출마 횟수 제한이 없기 때문에 그는 3선은 물론이고 훨씬 더 오래 대통령 자리를 지킬 수 있었다. 워싱턴의 측근들은 그가 종신 대통령으로 미합중국의 기틀을 잡아주길 바라기도 했다. 하지만 그는 사양하고 8년 임기 후에 더 이상 대통령에 출마하지 않았을 뿐만 아니라, 정계에서 완전히 은퇴했다. 정치 막후의 큰 손으로도 남지 않았다. 미국에서 가장 영향력이 컸던 영웅적인 대통령이 어떻게 한순간 그렇게 정치에서 손을 뗄 수 있었을까?

이 의문에 명확한 답을 찾기란 어렵다. 가장 큰 이유는 동료 '건국의 아버지들'과 후배 정치인들에 대한 믿음으로 추정된다. '나 아니라도 미국을 건사할 훌륭한 지도자가 있을 것이다'라는 믿음이다. 결과론적이긴 하지만, 거목 워싱턴이 물러나자, 워싱턴 못지않게 훌륭한 대통령들이 나왔다. 2대 존 애덤스, 3대 토머스 제퍼슨, 4대 제임스 매디슨, 5대 제임스 먼로 등이 좋은 예이다.

당시에 거의 신과 같은 존재였던 워싱턴이 두 번의 임기를 끝내고 정계에서 은퇴하자, 새로운 지도자들이 미국을 이끌었다. 이는 워싱턴이 미국의 민주주의에 남긴 거대한 역사의 유산이다.

미국 정계에는 왜
계파가 없을까?

위싱턴이 남긴 전통은 그로버 클리블랜드에 의해서 깨졌다. 클리블랜드 대통령은 1888년 선거에서 재선을 노렸으나 실패해서 4년 단임으로 끝났다. 하지만 1892년 재도전해서 당선되었다. 엄밀히 얘기하면 클리블랜드는 위싱턴의 전통을 깬 것이 아니다. 두 번의 연임 이후 다시 출마해서 세 번 연속 당선된 것이 아니라, 단임 이후 재선에 실패하고 4년 뒤에 다시 도전해 당선되었기 때문이다.

위싱턴의 전통을 실질적으로 깨뜨린 사람은 프랭클린 루스벨트이다. 1932년 대공황의 위기 속에서 대통령에 당선된 민주당의 프랭클린 루스벨트는 그 이후에도 연속해서 세 번이나 대통령에 출마해서 당선되었다. 1936년은 여전히 대공황의 위기 속에 있었고, 1940년에는 유럽이 세계 대전에 휩싸였고, 1944년에는 미국도 일본의 진주만 공습으로 세계 대전에 참전 중이었다. 루스벨트는 대공황과 세계 대전이라는 국가적 위기로 4선 대통령이 되었다. 네 번째 임기 중에 지병으로 루스벨트가 사망한 후, 미국은 수정 헌법 제22조를 제정해서 한 사람이 두 번 넘게 대통령직에 선출될 수 없게 했다. '장기 집권'한 루스벨트에 대한 부정적인 견해 때문이 아니라, 조지 위싱턴 이후 지속된 단 한 번의 중임 관례가 깨졌기 때문에, 그것을 헌법으로 규정하기 위해서였다.

그로버 클리블랜드는 1892년 선거에서 단임한 전임 대통령이 4년 후에 재도전하는 최초의 사람이 되었고, 당선되었다. 4년 전 1888년 대선에서 그에게 패배를 안긴 벤저민 해리슨 대통령과의 재대결에서 승리를 거둔 것이다. 전통이란 한번 깨지기 시작하면 더 이상 전통으로 남기 어려울 수 있다. 그런데 1892년 선거는 이례적인 해프닝으로 남았다. 그 후의 미국 대통령 선거에서 클리블랜드처럼 재선에 실패한 대통령이 이후 선거에 다시 도전하는 경우는 없었다. 클리블랜드 대통령은 두 번째 임기를 성공적으로 끝냈지만, 그의 '계파'는 존재하지 않았다. 1896년 대통령 선거에서는 클리블랜드와 전혀 성격이 다른 민주당 후보가 등장했다.

2024년 선거는 어느 면에서 1892년 선거를 떠올리게 한다. 그로버 클리블랜드 이후 132년 만에 재선에 실패한 대통령이 다시 백악관에 도전해 당선되었기 때문이다. 이것이 1892년처럼 하나의 역사적 예외로 끝나고 미국 정치가 다시 기존의 전통으로 돌아갈지, 아니면 새로운 정치 관행의 출발점이 될지는 아직 알 수 없다. 다만 미국 정치의 확실한 특징은 다른 나라처럼 제도화된 '계파' 구조가 뚜렷하지 않다는 점이다.

★ 수정 헌법 제22조

대통령의 임기를 2회로 제한하여 한 개인이 장기 집권하는 것을 막기 위해 1951년 제정되었다.

1 워싱턴 대통령의 중임 관례를 헌법으로 규정한 것은 수정 헌법 몇 조인가요?

2 2024년 대선이 1892년 선거를 떠올리게 하는 이유는 무엇인가요?

3 한국 대통령의 임기는 몇 년이고, 연임이 가능한가요? 미국과 비교해보세요. (대통령제)

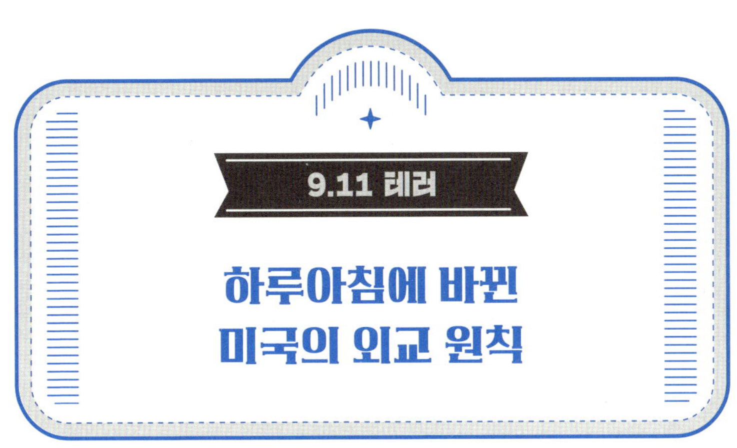

독트린doctrine 은 원래 종교의 교리나 교의敎義를 뜻하는 말이다. 그런데 미국에선 외교 정책의 기본 지침으로 독트린이란 용어가 자주 등장한다. 1823년 제5대 대통령 제임스 먼로가 선포한 '먼로 독트린'을 시작으로 지금까지 미국 대통령 이름이 들어간 여러 독트린이 등장했다.

먼로 독트린은 무려 120여 년간 미국 외교의 원칙으로 숭상되었다. 그런데 제2차 세계 대전 이후 미국이 세계 질서를 주도하면서 독트린이 남발되고 있다. 자신의 이름이 들어간 독트린을 남기지 않는 대통령이 드물 정도이다. 독트린이 남발된다는 것은 미국 외교의 절대적인 원칙이 없다는 것이다.

지금 미국은 외교적 혼란기를 겪고 있다. 특히 1989년 베를린 장벽의 붕괴와 1991년 소련의 해체로 인해 냉전 시대가 종결되고, 탈냉전 시대가 도래하면서부터 미국 외교는 큰 원칙 없이 작은 원칙만 남발하는 혼란기를 겪고 있다. 그런데 이 혼란기에도 미국은 그들만의 특별한 외교 원칙이 있다고 여기며, 끊임없이 그 원칙을 소환해서 외교의 기준으로 삼으려 한다.

미국 외교의 원칙이 된 페인의 메시지

미국 외교의 원칙은 토머스 페인이 정립했다. 페인은 영국의 하급 관료 출신으로 1776년 미국 독립 선언문이 공표되기 2년 전에 미국으로 건너왔다. 그는 "미국은 영국의 전제 정권에서 벗어나 공화국을 세워야 하는 시대적 소명을 가졌기에 그 부름에 응해야 한다"라고 역설했다. 또한 독립한 후에 미국은 중립국으로 남아서 유럽의 국가들과 정치적, 군사적 관계를 맺기보다는 중립주의에 근거해서 상업적 교류에만 치중하는 것이 국익을 위해서 바람직하다고 강조했다. 이것이 바로 1776년 1월에 페인이 〈상식 Common Sense〉이라는 제목으로 발표한 소책자의 핵심 주장이다.

〈상식〉의 영향은 가히 폭발적이었다. 무엇보다도 미국 '건국의 아버지들'에게 〈상식〉은 완전한 독립을 선택하는 것이 미국의 숙명이라는 것을 깨닫게 해주었다. 〈상식〉 출판 반 년 후에 독립 선언문이 선포되었고 미국은 독립 전쟁을 시작했다. 존 애덤스는 "페인의 펜이 없었다면 조지 워싱턴의 칼은 무의미한 것"이라고 했다.

미국인들은 "페인의 자식"이라고 할 수 있다. 페인의 사상은 독립 전쟁 이후에도 계속 메아리쳤다. 미국은 근대 최초로 공화주의를 시작한 특별한 나라이기에 그 특별함을 지키기 위해서 유럽과 거리를 두어야 한다는 〈상식〉의 메시지는 대통령을 비롯한 지도자들에게 절대적인 외교 원칙으로 자리매김했다.

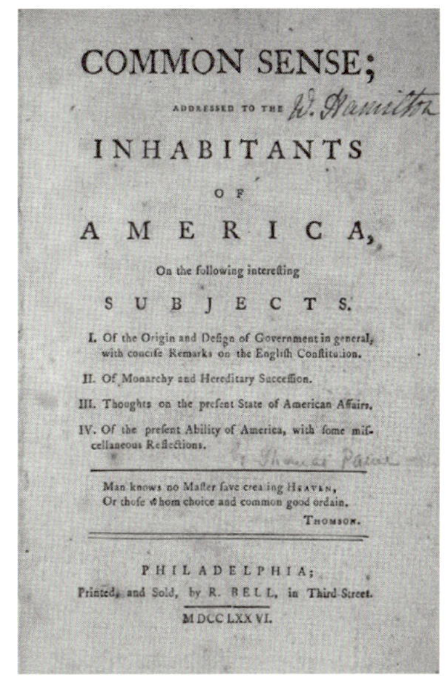

토머스 페인이 1776년 발표한 〈상식〉 소책자

★ 독립 선언문

1776년 7월 4일 미국이 영국으로부터 독립을 선언하면서 토머스 제퍼슨이 작성한 문서. 모든 인간은 평등하게 창조되었으며 생명, 자유, 행복의 추구권 등 천부의 권리를 가지고 있다는 내용이다.

국력과 함께 커져간
먼로 독트린의 영향력

페인의 중립주의 원칙은 초대 대통령 조지 워싱턴의 기본적인 외교 원칙이 되었다. 워싱턴은 대통령 임기를 끝내면서 발표한 '고별사'에서 페인의 중립주의를 거듭 강조했다. 그는 유럽의 어떤 나라와도 "얽히고설킨 관계"를 맺어서는 안 되며 어느 특정한 나라와도 "영속적인 동맹"을 맺지 말 것을 당부했다. 워싱턴의 원칙은 후대 대통령들에 의해서 존중되고, 반복되었다. 그리고 제5대 대통령 제임스 먼로에 의해서 하나의 독트린으로 새겨졌다. 1823년 연례 교서에서 먼로 대통령이 발표한 외교 원칙은 훗날 먼로 독트린으로 명명되며 이후 120여 년간이나 미국 외교의 근간이 되었다. 이 독트린은 다음과 같이 세 부분으로 요약된다.

먼로 독트린

1. 미국의 유럽에 대한 불간섭 원칙

2. 유럽의 미국에 대한 불간섭 원칙

3. 아메리카 대륙의 유럽 제국에 의한 식민지 건설 배격의 원칙

먼로 독트린은 당시로서는 다소 허무맹랑한 선언이었다. 아직 유럽 강국들과 어깨를 같이할 정도의 국력을 갖추지 못한 미국이 현실적으로 그 독트린을 지킬 힘이 없었기 때문이다. 그런데 시간

이 지나 미국의 국력이 강해지면서 먼로 독트린의 영향력도 커져 갔다.

미국은 서부 팽창을 통해서 대국으로 성장했고, 20세기 초부터 본격적으로 중남미에 대한 야망을 드러내기 시작했다. 1904년 도미니카 공화국이 경제 위기로 독일, 이탈리아, 영국 등 유럽 국가에 부채를 갚지 못하는 '도미니카 사태'가 발생하자, 해당 유럽 국가들이 도미니카 공화국 내정에 간섭하려고 했다. 시어도어 루스벨트 대통령은 먼로 독트린을 소환해서 유럽 국가들에 도미니카 사태에 개입하지 말라고 엄중히 경고했다. 이때 루스벨트가 선포한 것이 '루스벨트의 먼로 독트린에 대한 보충 이론'이다. 도미니카를 비롯해서 카리브해 지역과 중남미 지역에 대한 유럽 제국주의 국가들의 침탈을 막기 위해 미국이 먼저 개입해서 지역의 안정을 도모한다는 내용이다. 이것이 먼로 독트린의 원칙을 지키기 위한 조치라는 것이다.

미국이 주도하는 세계화의 시작

1947년 해리 트루먼 대통령이 개입주의 원칙을 천명한 '트루먼 독트린'을 발표하면서 미국은 120여 년간 지속한 고립 및 중립주의 원칙을 내려놓았다. 대신 미국은 공산주의로부터 위협받는 곳은 세계 어디든지 개입해서 민주주의를 지켜내겠다고 선언했다. 냉전 시기는 트루먼 독트린의 시대라고 할 수 있다. 지역이나 나라의 상황에 따라 트루먼 독트린은 약간씩 변형되어서 적용되기는 했지만, 미국은 기본적으로 세계 자본주의와 민주주의의 수호자로서 트루먼 독트린의 개입주의 원칙을 준수했다.

1989년 베를린 장벽의 붕괴와 1991년 소련의 붕괴로 미국의 외교 원칙에도 변화가 찾아왔다. 이른바 '탈냉전 시대'가 도래하면서 미국의 외교는 뚜렷한 외교 원칙을 따르기보다는 나라, 지역, 상황에 따라 유연하고 다양한 방식으로 펼쳐졌다.

탈냉전 직후 8년 동안 빌 클린턴 대통령은 전 세계의 민주주의, 인권, 법치 증진을 강조했고, 다자주의에 입각해 국제기구와 같은 협의체를 통해 글로벌 도전과 갈등을 해결하고자 했으며, 세계 곳곳에서 자행되던 대규모 잔학 행위를 제지하기 위해 인도주의적 차원에서 군사적 개입을 하기도 했다. 무엇보다도 자유 무역에 근거한 세계화를 추진해서 경제적 상호 의존으로 평화와 안정을 촉진하고자 했다. 이는 클린턴 독트린으로 명명되었다.

그 결과 유럽에서는 구공산권 국가들을 북대서양 조약 기

★ **트루먼 독트린**

1947년 해리 트루먼 대통령이 선언한 미국의 대외 정책. 공산주의 확산을 저지하기 위해 공산주의의 위협을 받는 국가들을 경제적, 군사적으로 지원한다는 내용이다.

구NATO에 포함시켜 자본주의와 민주주의가 확장되었고, 북아메리카 자유 무역 협정NAFTA을 통해 미국, 캐나다, 멕시코가 하나의 경제권으로 통합되었으며, 아시아 태평양 경제 협력체APEC가 활성화되었다. 클린턴 독트린은 이상주의와 실리주의를 혼합해서 민주주의와 자본주의의 확장을 꾀하는 원칙이었다. 건국 이후부터 지켜온 자유 무역주의 원칙에 더해 민주주의와 인권이라는 이상주의 원칙을 표방하고 세계 자본주의 패권을 유지, 확장하려는 실리주의까지 혼합된 원칙이었다. 미국은 물론 대부분의 자유세계는 미국 주도의 세계화에 대한 기대감에 부풀었다.

현실주의 외교와
이상주의 외교의 혼재

그 기대감은 2001년 9.11 테러로 순식간에 무너져 내렸다. 부시 대통령은 '테러와의 전쟁'을 빌미로 선과 악 혹은 '미국 편인가 아닌가'의 이분법적 사고를 통해 노골적인 일방주의 정책을 펼쳤다. 그는 아프가니스탄 전쟁을 시작했고, 대량 살상 무기 제거를 명분으로 이라크 전쟁을 감행했다. 하지만 시간이 지나며 미국인들은 이라크 전쟁에 지쳐갔고, 결국 전쟁에 대한 불만은 8년간의 공화당 정권을 끌어내리고 버락 오바마의 민주당 정권을 탄생시켰다.

오바마 행정부는 부시의 일방주의 대신 참여와 다자주의를 표방하면서 전통적인 동맹국과의 관계를 재건했다. 그리고 쿠바, 이란과 같이 미국과 대립하던 국가들과의 관계 정상화를 꾀했다. 특히 아시아 지역의 중요성을 인식하고 아시아에 대한 전략적 '재균형' 정책을 펴려고 했으며, 중국과 같은 신흥 강대국과 협력을 추구했다.

뒤이은 트럼프 행정부는 기존의 다자주의에서 벗어나 철저한 미국 우선주의에 근거한 일방주의적 정책을 펼쳤다. 트럼프는 미국의 일자리와 산업을 보호하는 데 중점을 두었다. 미국의 이익을 위해서는 국제기구와의 협약에 연연하지 않았고, 적대국과의 관계 정상화도 마다하지 않았다. 바이든 행정부가 들어서면서 미국 외교는 다시 다자주의 외교로 전환되었다. 동맹국 및 파트너와의 관계를 재건하고 국제기구 및 협정에 다시 참여하려고 노력했다. 그는 특히 유럽과 아시아의 전통적 동맹국과의 동맹 강화에 중점을 두었으며 NATO 및 기타 주요 동맹에 대한 미국의 헌신을 재확인하기 위해 노력했다.

끊임없이 뒤바뀌는 미국 외교의 혼란을 볼 때, 과연 미국 외교의 근간이 되는 특별한 원칙이 존재하는가 의문이 생길 수밖에 없다. 외교란 기본적으로 국가의 이익을 추구하는 수단이다. 대부

★북대서양조약기구(North Atlantic Treaty Organization, NATO)

1949년에 창설된 군사 동맹. 미국, 캐나다, 유럽 국가들로 구성되어 있으며, 회원국 간의 집단 방어와 안보 협력을 목적으로 한다.

분의 나라에서는 실리주의가 외교의 원칙이다. 미국 이전에 세계 질서를 주도했던 영국의 경우만 보더라도 '세력 균형'에 의한 유럽의 평화를 지향했지만, 근본적으로는 영국의 식민지를 보호하며 세계 패권을 유지하는 것이 외교의 원칙이었다.

미국 역시 근본적으로 실리주의를 추구했지만, 이상주의의 끈을 놓지 않으려고 했다. 미국은 다른 나라들과는 다른 '특별한 나라'여야 한다는 신념이 강했기 때문이다. 하지만 최근에 미국은 노골적으로 국익 우선주의를 표방하고 있다. 미국 역사상 이처럼 실리주의 외교가 두드러진 경우는 없었다. 물론 여전히 자유, 인권, 평화와 같은 이상주의 목소리는 들리지만, 그 목소리는 작고 실리주의의 액세서리에 불과하다. 실리주의가 지배적인 세계에서 여전히 이상주의가 꿈틀거리는 것이 미국 외교의 특징인데, 과연 그것이 되살아날지 의문이다.

---

1 미국 외교의 원칙을 처음 정립한 인물은 누구인가요?

2 트루먼 독트린의 핵심 내용은 무엇인가요?

3 '고립주의'와 '개입주의'는 각각 어떤 뜻인지 찾아보세요. (국제 관계)

미국의 역사는 전쟁의 역사라고 해도 과장이 아니다. 영국과의 독립 전쟁에서 승리한 후 13개 주가 연합해서 미합중국의 역사가 시작되었다. 1812년 전쟁에서 미국은 다시 한번 영국에 승리를 거두며 신생 미국의 군사력을 과시했다. 1836년 텍사스에 진출한 미국인들은 멕시코와 전쟁을 벌여 독립했고, 1845년 텍사스는 미국의 영토가 되었다. 1848년 미국은 멕시코와의 전쟁에서 승리하며 캘리포니아를 비롯한 지금의 남서부 영토를 확정 지었다.(※131쪽 미국의 영토 확장 지도 참고)

1861년부터 1865년까지 남북 전쟁으로 팽창은 잠시 주춤했으나, 이후 급속한 산업화로 미국은 세계 최강의 산업 국가로 성장했다. 경제력은 결국 국방력으로 이어졌다. 1898년 스페인과의 '짧고 찬란한 전쟁'을 통해 카리브해의 쿠바와 푸에르토리코, 태평양의 필리핀과 괌을 차지하며 '제국'으로 발돋움했다. 1917년 제1차 세계 대전에 참전해서 연합국 승리에 결정적인 역할을 하며 '미국의 세기'가 도래했음을 알렸고, 1941년 제2차 세계 대전에 참전해서 연합국 승리를 견인하며, 미국은 세계 최강국이 되었다. 냉전 기간 동안 소련이라는 대항마가 있었지만, 소련이 1991년에 몰락하면서 미국의 패권은 절대적이 되었다.

그런데 최근 들어 중국의 국력이 약진하면서 '신냉전'에 대한 우려가 증폭되고 있다. 게다가 냉전 이후 별다른 영향력을 행사하지 못했던 러시아가 우크라이나 전쟁을 일으키며 미국은 물론 NATO와 대립각을 세우고 있다. 또한 이스라엘-하마스 전쟁으로 중동의 위기가 지역 및 세계 평화를 흔들고 있다. 북한 역시 핵무기 개발 등 호전적 도발로 아시아 평화에 걸림돌이 되고 있다.

과연 미국의 군사력은 어느 정도일까? 지구촌 곳곳에서 발생하는 크고 작은 군사적 위협으로부터 미국 자신뿐만 아니라 동맹국까지 보호할 수 있을까? 최악의 경우, 중국과 러시아와 동시에 전쟁을 하게 된다면 미국이 승리할 수 있을까?

군사력의 절대 강자
미국의 실제 수준

미국은 냉전 종식 이후에도 세계 최강 국방력을 갖고 있다. 미국의 군사비는(2023년 기준) 9,160억 달러로 세계에서 가장 높으며 전 세계 국방비의 37%를 차지한다. 미국은 전 세계 170여 개국과 군사 협력 관계를 유지하고 80여 개국에 700개가 넘는 해외 군사기지를 보유하고 있으며, 각 기지는 첨단 기술이 장착된 현대식 무기를 갖추고 있다. 최첨단 전투기, 스텔스 폭격기, 대형 화물기 그리고 대규모 공중 급유 항공기까지 보유한 공군과 11척의 항공 모함을 소유한 해군은 지구상에서 누구도 넘볼 수 없는 위용을 자랑한다. 중국이 3척, 러시아가 1척의 항공 모함을 소유한 것과 비교하면 미국의 해군력이 얼마나 막강한지 알 수 있다. 무엇보다도, 미 해군은 지난 40여 년 동안 세계 곳곳의 바다, 만 또는 연안에서 지속적인 전투 작전을 수행해왔기에 경험 면에서도 타의 추종을 불허한다. 또한 2019년에 창설된 미국 우주군은 현재 약 9,000명의 군인과 총 80대의 우주선을 운용하고 있으며, 군사 위성 통신과 미사일 경보 시스템 등을 총괄하며 우주 지배력에서 세계 최강으로 평가받고 있다.

미국은 세계 최강의 군사력을 갖추고 있지만, 이를 더욱 강하게 하는 것은 미국의 동맹국이 갖는 군사력이다. 그중에서도 1949년 소련에 대항하기 위해 결성된 북대서양 조약 기구는 미국의 가장 든든한 동맹이다. 조약 제5조에 의해서 NATO 회원국 어느 나라라도 공격을 받게 되면 회원국 전체가 자동적으로 개입하게 되어 있는 집단 방위 체제이다.

냉전의 종식과 함께 폴란드, 헝가리, 체코 등 이전 공산주의 국가들이 NATO 회원국이 되었고, 2023년에 핀란드가, 2024년에 스웨덴이 가입하면서 현재 32개 회원국을 확보한 NATO는 약 350만 명 규모의 군대를 보유하고 있다. 전체 NATO 회원국의 연간 국방 예산 기여금은 1조 달러가 넘는다. 물론 미국이 가장 큰 기부국으로서 NATO 예산의 상당 부분을 제공하지만, 공정한 분담 개념에 따라 NATO는 회원국이 GDP의 최소 2%를 국방에 투자하도록 권장하고 있다. 동맹 내에서 공평한 분담금에 대한 논쟁이 계속되고, 특히 2017년 미국의 트럼프 행정부가 들어서면서 이러한 분담금 논쟁이 가열되고 있지만, NATO의 군사력은 거의 모든 부분에서 러시아를 압도하고 있다.

물론 NATO와 러시아의 단순 군사력 비교에 따라 NATO가 일방적인 우위에 있다고 할 수는 없다. 러시아의 핵무기 때문이다. 현재 러시아는 6,000개 이상의 핵탄두를 비축하고 있는 것으로 추정된다. 유럽의 NATO 회원국이 보유한 핵탄두는 러시아의 10분의 1밖에 되지 않는다. 하지만 미국이 러시아와 비슷한 핵탄두를 보유하고 있고, 그 상당 부분이 독일, 이탈리아, 벨기에, 네덜란드, 튀르키예 등의 NATO 기지에 배치되어 있기 때문에 핵무기에서도 미국-NATO의 전력은 결코 러시아에 뒤지지 않는다.

지정학적 관점에서 바라본 미중 전쟁 시나리오

최근 중국의 군사력은 미국 다음으로 강력한 것으로 평가되고 있다. 중국 인민 해방군은 약 200만 명 이상의 정규 군인을 보유하고 있는데, 이는 규모 면에서 세계에서 가장 큰 군대이다. 중국은 군사 현대화에 집중하면서 현대적인 전투기와 드론을 포함한 강력한 공군을 운영하고 있으며, 탄도 미사일과 순항 미사일 등 다양한 미사일 시스템을 개발하고 있다. 미국 해군연구소에 의하면 현재 중국이 보유한 미사일 수는 약 4,000개에 달한다. 중국은 현재 3대의 항공 모함을 보유하고 있으며, 미국에 이어 두 번째로 많은 항공 모함을 보유한 국가이다.

만약 중국과 미국이 전쟁에 돌입하게 된다면 중국이 대만을 침공하면서 시작될 가능성이 크다. 예상대로 미국이 전쟁에 개입하게 된다면, 현재 전력으로는 중국이 미국을 이기기가 어렵다. 약 200척의 함정과 1,500대의 항공기, 15만 명의 군인으로 구성된 미국 태평양 함대는 중국의 대만 점령을 가로막는 가장 큰 물리적 장벽이다.

중국이 미국을 이길 수 없는 가장 큰 이유는 지정학적 전략에서 미국이 압도적인 우위에 있기 때문이다. 괌의 태평양 기지와 일본, 한국과 같은 동맹국에 막강한 전력의 미군이 주둔하고 있다. 일본 내에는 약 50개의 미군 기지가 있으며, 오키나와에만 약

미국의 해외 군사 기지

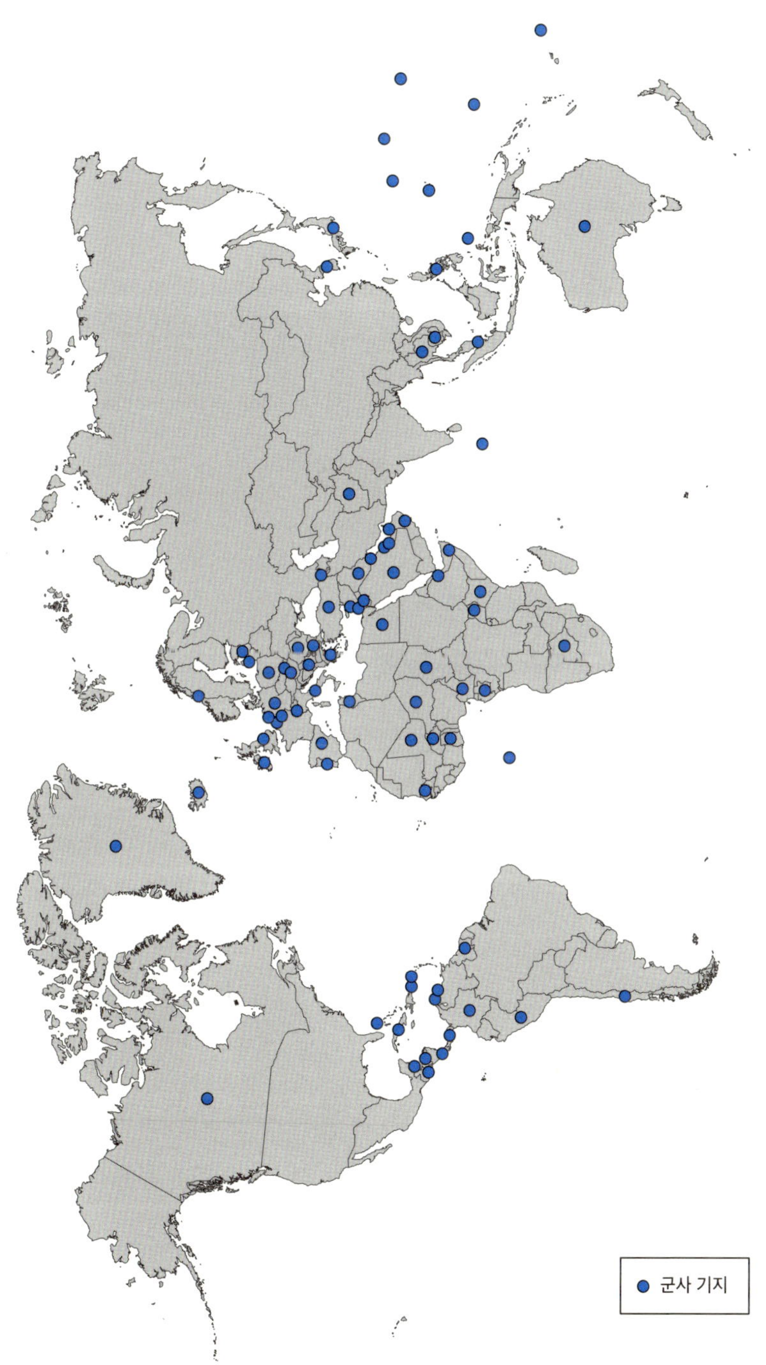

2만 6,000명의 미군이 약 33개의 미군 기지와 훈련장에 주둔하고 있다. 약 7,000명의 미군이 주둔하고 있는 괌은 아시아-태평양 지역에서 미국의 군사적 거점 역할을 하며, 특히 아시아-태평양 지역의 안보와 신속 대응에 중요한 역할을 하고 있다. 한국에는 약

2만 8,500명의 미군이 주둔하고 있다. 이는 전 세계 주둔 미군의 약 6%에 해당하는 규모이며, 70여 개의 미군 기지가 있다. 게다가 한국과 일본의 자체 군사력 또한 만만치 않다. 2026년 글로벌 파이어파워GFP 순위에 따르면 한국과 일본의 군사력은 각각 세계 5위와 7위이다. 물론 두 나라의 군사력이 중국에 비해서는 약하다. 두 나라의 군사비 지출을 합쳐도 중국의 3분의 1 수준이다. 하지만 해당 국가에 주둔한 미군의 전력이 더해지면 또 다른 얘기가 된다.

러시아, 중국, 북한의 도발과 핵전쟁 가능성

전쟁은 비이성적 판단에 의해 발발하곤 한다. 세계사의 수많은 전쟁이 그것을 증명하고 있다. 그렇기에 이상적인 판단에 의해 러시아가 유럽에서 도발하거나 중국이 아시아에서 도발할 가능성은 희박하지만, 그 가능성을 완전히 배제할 수는 없다. 더욱 비극적

★ **글로벌 파이어파워(Global Firepower, GFP)**

미국 군사력 평가 기관으로 매해 병력, 장비, 국방 예산, 물류 역량, 지리적 위치 등 60개 이상 개별 요소를 고려해 세계 군사력 순위를 발표한다. 2026년 기준 총 145개국 대상 조사.

인 상황은 누군가가 핵무기 사용이라는 극단적인 선택을 할 경우이다. 그런 상황이 발생한다면 이는 상상할 수 없는 인류의 파국이 될 것이다. 하지만 러시아의 도발로 핵전쟁이 발발한다면 궁극적으로 가장 큰 피해자는 러시아가 될 가능성이 높다. 이후 러시아는 세계 질서에서 완전히 그 존재감을 상실하는 약소국으로 전락할 가능성이 크다. 그것을 알고 있는 러시아가 비이성적인 판단을 내리기는 어려울 것이다.

미중 전쟁이 발발해도 상황은 크게 다르지 않을 것이다. 전쟁 초반에 중국이 대만을 침공하고, 한국과 일본을 공격해서 심각한 타격을 줄 수 있지만, 미국을 제압하기란 현재의 전력으로는 사실상 불가능하다. 중국이 대륙간 탄도 미사일로 미국 본토를 요격할 수도 있겠지만, 그것은 미국에 실질적인 위협이 되기 힘들다. 미국 우주군이 감독하는 미국의 조기 경보 위성[DSP]은 중국의 미사일 발사를 쉽게 감지하여 알래스카와 캘리포니아에 배치된 44개의 지상 기반 요격기[GBI]로 공중 요격을 할 것이다. 미사일 전쟁으로 중국이 입을 타격이 훨씬 크다는 것이다. 전쟁에서 중국이 이길 수 없는 가장 큰 이유는 미국에게는 있지만 중국에게는 없는

> **★ 미국의 미사일 방어 시스템**
>
> 군사 위성인 조기 경보 위성(DSP)이 적국의 대륙 간 탄도 미사일(ICBM) 발사 시 발생하는 열을 감지해 지상의 관제 센터에 통보하면, 지상 기반 요격기(GBI)를 발사해 대기권을 벗어난 미사일을 요격한다.

것 때문이다. 미국은 중국 인근에 괌과 동맹국인 한국과 일본이 있지만, 중국은 미국 인근에서 미국을 공격할 기지나 동맹국이 없다. 이것을 알고 있는 중국이 비이성적인 판단을 내리기는 어려울 것이다. 적어도 현재의 군사력으로는 그렇다.

만약 북한이 미중 전쟁에 개입한다면 어떻게 될까? 북한의 핵과 미사일은 미국에 무시 못할 군사적 위협이지만 북한의 군사력은 미군의 전쟁 수행에 큰 영향을 줄 수 없다. 전쟁 초반에는 북한이 한국에, 특히 서울에 치명적인 피해를 입힐 수 있지만, 이내 한미 연합군은 북한을 압도할 것이다. 상상하기도 힘든 일이지만, 만약 북한이 핵무기를 사용한다면 그것은 결국 북한의 종말로 이어질 것이다.

전쟁에 지친 미국의 딜레마, 패권국의 운명은 어디로?

만약 미국이 러시아와 중국에 대항해서 동시에 전쟁을 한다면 어떻게 될까? 상황은 크게 다르지 않을 것이다. 러시아에 대항해서 미국은 NATO와 함께 작전을 펼칠 것이고, 중국에 대해서는 미국의 태평양 함대와 한국, 일본 그리고 호주의 동맹군이 반격을 할 것이기 때문이다. 장기전으로 가면 현재의 전력으로는 러시아나 중국이 미국을 이길 수 없다.

하지만 중국이 미국을 이길 수 없다는 얘기는 미국이 전쟁에서 승리를 거둔다는 것과는 다른 얘기이다. 만약 전쟁이 장기전으로 돌입하게 된다면 이는 미국에도 유리하지 않을 수 있다. 그것은 미국 내 여론 때문일 것이다. 미국인들은 역사적으로 전쟁을 오래 하는 것을 못 견딘다. 제2차 세계 대전 이후 미국은 장기전에서 거의 예외 없이 끝이 좋지 않았다. 한국 전쟁은 절반의 성공 혹은 절반의 실패로 마무리되었다. 그 이유는 전쟁이 예상 외로 길어지면서 미국인들의 여론이 전쟁을 빨리 종결하길 원했기 때문이다. 베트남 전쟁은 역대 미국이 참전한 전쟁 중에서 최악의 기억으로 남게 되었다. 미국이 패배한 가장 큰 이유는 미국 내의 반전 여론 때문이었다. 9.11 테러 이후 벌어진 이라크 전쟁도 마찬가지였다. 이 세 전쟁 모두 미국의 정권 교체의 빌미가 되었다. 한국 전쟁은 아이젠하워의 공화당 정권으로, 베트남 전쟁은 닉슨의 공화당 정권으로, 이라크 전쟁은 오바마의 민주당 정권으로 전환되는 배경이 되었다.

최근 미국 내에서 동맹국의 방위비 분담 문제가 이슈가 되고 있다. 특히 2017년 트럼프 정권이 등장하면서 이 문제는 외교와 국방뿐만 아니라 국민의 여론에도 주요한 이슈로 떠오르고 있다. 이는 여전히 그 뿌리가 남아 있는 먼로 독트린, 즉 고립주의의 부활로 볼 수 있다. 동시에 오랜 전쟁에 지친 미국인들의 정서를 반영하기도 한다. 냉전이든 신냉전이든 이것이 뜨거운 전쟁은 아닐지라도 미국인들은 전쟁에 지쳐 있다. 주로 국내 문제에 따른 극단적인 진영 대결의 영향으로 미국 내에서는 미국이 계속해서 세계 패권국으로의 위상을 지켜야 할지에 대한 회의감이 커지고 있다. 제국의 흥망성쇠에서 외부의 도전보다는 국내의 분열이 더 큰 변수가 되는 경우가 많기에, 세계 최강의 군대와 동맹국을 가진 미국 패권의 향방도 외적 도전보다는 내적 도전이 더 큰 변수가 될 가능성이 높다.

1 미국의 항공 모함은 몇 척이고, 중국과 러시아는 몇 척이 있나요?

2 중국이 미국과의 전쟁에서 불리한 가장 큰 지정학적 이유는 무엇인 가요?

3 NATO란 무엇이며, 현재 몇 개국이 가입해 있나요? (국제기구)

Part 02

ECONOMY

전 세계 경제는 왜
미국을 중심으로 돌아갈까?

뉴욕은 고담시Gotham City로도 불린다. 만화와 영화 〈배드맨〉에 나오는 가상의 도시가 뉴욕을 본뜬 곳이기 때문이다. 고담은 중세 영어에서 염소를 의미하는데 초기 뉴욕에서 염소를 많이 키웠기 때문에 그런 지명이 붙은 것이라는 설도 있고, 저주God Damn라는 뜻을 우회적으로 표현하는 것이라는 설도 있다. 19세기 초에 뉴욕의 작가 워싱턴 어빙이 뉴욕을 고담으로 지칭하면서 본격적으로 뉴욕의 별칭이 되었다. 그 유래가 어떻든 뉴욕이 고담으로 불리는 것은 '뉴욕' 하면 부정적인 이미지가 짙게 드리워 있기 때문이다. 그래서 영화 〈배트맨〉에서 온갖 범죄가 들끓는 범죄 소굴에 악당이 활개 치는 저주의 도시로 묘사한 것이다. 과연 역사 속의 뉴욕은 저주의 도시였을까?

뉴욕의 부정적인 이미지는 자본주의와 맞닿아 있다. 돈이 있는 곳에 권력이 터를 잡고, 계급과 차별이 심화되기 마련이다. 하지만 뉴욕은 꿈과 희망의 도시이기도 했다. 미국의 놀라운 경제 성장과 함께 전 세계에서 수많은 사람이 미국으로 건너왔는데, 가장 많은 사람이 처음에 정착한 곳이 뉴욕이었다. 뉴욕은 세계에서 가장 빠르게 성장하는 도시가 되었다. 사람이 몰리고 돈과 자본이 넘쳐나면서 뉴욕은 금세 미국 금융과 경제의 심장이 되었다.

현재, 미국과 전 세계 거의 모든 주요 은행이 뉴욕에 본사를 두거나 뉴욕에서 사업을 하고 있다. 뉴욕에는 세계 최대 규모의 상품 거래소가 있다. 이는 세계의 금 시세를 결정하는 세계 최대의 금 선물 시장으로, 귀금속 선물 거래량은 다른 거래소들의 귀금속 거래량을 합친 것보다도 많다.

뉴욕은 어떻게 미국은 물론 세계 금융과 경제의 수도가 되었을까? 뉴욕이 세계 금융 시장의 심장이 되는 과정을 보면 미국이 어떻게 세계 최강의 경제 대국으로 성장하게 되었는지를 알 수 있다.

상업 거래 중심지
월가의 탄생

미국의 모태가 되는 대서양 연안의 식민지에는 주로 종교적 자유를 얻기 위해서 건너온 사람들이 정착했다. 예를 들어 청교도들은 뉴잉글랜드에, 영국 교회(성공회) 교도들은 버지니아에, 장로교도들은 캐롤라이나에, 퀘이커교도들은 펜실베이니아에 정착했다.

하지만 뉴욕에 정착한 사람들은 종교의 자유와는 상관없었다. 그 시작은 1609년 지금의 맨해튼에 도착한 네덜란드 사람들이었다. 그들은 종교적 박해를 피하기 위해서가 아니라, 허드슨강 유역을 통해서 원주민들과 모피 무역을 하기 위해서 뉴욕에 정착하기 시작했다. 그들은 맨해튼을 '뉴암스테르담'이라고 불렀다.

뉴암스테르담은 네덜란드의 북아메리카 식민지 진초 기지가 되었다. 이들은 맨해튼에 담을 세워 요새를 구축했다. 원주민들과 다른 유럽인들로부터 정착촌을 지키기 위함이었다. 그 요새 안의 거리를 '월가Wall Street'라고 불렀다. 월가는 네덜란드 정착인들의 거주지이자 신대륙의 상업 거래 중심지가 되었다. 이미 세계 최초로 주식회사를 설립한 네덜란드의 금융 시스템이 뉴암스테르담에서도 적용되었다. 이것이 뉴욕 월가의 모태라고 할 수 있다.

뉴암스테르담에 강력한 경쟁자가 나타났다. 영국이 북아메리카 식민지 개척에 뛰어든 것이다. 뉴암스테르담이 정착될 시점에 영국은 버지니아와 매사추세츠에 식민지를 개척하기 시작

1867년 월가의 모습(왼쪽)과 현재 뉴욕 증권 거래소 앞 거리(오른쪽)

했고, 뉴욕에도 눈독을 들였다. 결국 1664년 영국은 전쟁을 통해 뉴암스테르담을 빼앗았다. 전쟁을 후원했으며 훗날 제임스 2세가 된 요크York 공을 기려서 도시의 이름을 뉴욕으로 바꿨다.

영국인들은 이전의 네덜란드인들처럼 종교적인 이유가 아니라 통상을 통해 돈을 벌기 위해 뉴욕을 선택했다. 원주민과의 통상으로 얻은 모피뿐만 아니라 허드슨 계곡의 밀이 유럽 시장으로 수출되면서 뉴욕은 영국의 북아메리카 식민지에서 중요한 무역과 통상의 중심지가 되어갔다.

민간 금융업의 발달로
금융 1번지가 되다

독립 전쟁이 발발하자 뉴욕은 전쟁 자금을 대는 주요 도시가 되었다. 독립 전쟁 기간에 식민지 연합 정부는 연방 국채를 발행했는데 그 돈의 상당 부분을 뉴욕에서 빌렸다. 식민지 시대부터 무역과 통상이 활발했던 뉴욕에는 이미 금융 시스템이 구축되었는데, 독립 전쟁을 계기로 그 시스템이 더욱 활성화되었다.

독립 전쟁 기간에는 뉴욕과 함께 필라델피아도 미국의 정치와 경제의 중심지였다. 연합 의회가 위치한 필라델피아는 전쟁 기간 동안 미국의 수도였으며, 미합중국 출범 직후에도 워싱턴 D.C.가 수도로 건설되기 이전까지 임시 수도 역할을 했다. 미국 건국 초기에 중앙은행이 들어선 곳도 필라델피아였다. 하지만 많은 미국인은 중앙은행에 곱지 않은 시선을 보냈다. 중앙은행이 권력을 남용할까 봐 우려한 것이다. 결국 논란의 중심에 있던 중앙은행은 갱신에 실패해서 1836년에 완전히 문을 닫았다. 이후 20세기 초까지 미국에는 중앙은행이 없었다.

중앙은행이 없어진 것은 뉴욕으로선 호재였다. 국가 주도가 아닌 민간 주도의 금융업이 중요시되면서 민간 금융업이 발달한 뉴욕이 필라델피아를 제치고 금융의 1번지가 되었다. 게다가 1825년에 완공된 미국 역사상 가장 중요한 수로인 이리 운하의 건설은 뉴욕의 성장에 결정적인 기폭제가 되었다. 뉴욕의 허드슨

강과 오대호와 그 너머의 서부를 연결하는 이리 운하가 완성되면서 내륙의 물류와 통상이 폭발적으로 발전하기 시작했다. 운하와 철도 건설, 증기선 등 동부와 중서부를 연결하는 교통 인프라를 구축하는 건설 붐이 일어났다. 이전까지 미국은 대서양을 통한 유럽과 서인도 제도와의 무역과 통상에 의존했는데, 이러한 내륙 내의 교통과 운송의 혁명을 통해서 본격적인 내륙 개발에 착수했다.

이 과정에서 뉴욕의 월가는 막대한 현금을 위탁받았고, 투자자들에게 더욱 매력적인 증권 거래소로 거듭나게 되었다. 또한 영국을 비롯한 유럽의 자본이 미국에 들어오면서, 뉴욕에 외국계 회사들이 속속 들어섰다. 19세기 중반에 유럽의 로스차일드와 베어링을 모델로 한 미국 상업 은행이 설립되었는데, 드렉셀 모건 은행과 이들의 경쟁자인 쿤 로브 은행 등 미국 금융 역사상 거대한 금융 회사들이 뉴욕에 세워졌다. 이들 금융 회사의 상당수가 유대인에 의해서 설립되었기에, 이후 미국 금융업에 유대인이 끼치는 영향은 막강했으며, 그 중심지가 뉴욕이었다.

세계 금융 시장에서 '기회의 땅'으로 부상

남북 전쟁은 뉴욕의 성장세에 찬물을 끼얹었다. 남과 북의 내전으로 미국의 국가 신뢰도가 급락하면서 유럽의 투자자들이 미국에 투자하기를 꺼렸기 때문이다. 그렇지만 야심 찬 투자자들에게 전쟁은 기회로 다가왔다. 전쟁이 장기화되면서 유럽 국가들은 미국의 전쟁을 오히려 좋은 투자 기회로 판단하기 시작했다. 전쟁을 극복한 후에는 미국이 더욱 성장할 수 있다고 판단한 미국과 유럽의 금융가들이 미국 연방 채권을 대규모로 사들이기 시작했다. 영국의 로스차일드 가문뿐만 아니라 런던에 본사를 두고 있던 미국인 조지 피바디와 J.S. 모건도 대규모로 미국 연방 채권을 매입했다. 남북 전쟁 기간 미국 연방 채권이 대부분 뉴욕을 통해 해외로 나갔기 때문에 뉴욕은 세계 금융 시장의 새로운 '기회의 땅'으로 부상하기 시작했다.

남북 전쟁 이후 미국은 본격적으로 산업화의 길에 들어섰고, 사상 최대의 이민 물결이 밀려들었다. 이민의 홍수로 가장 부상한 곳이 뉴욕이었다. 유럽에서 건너온 이민자들 대부분이 맨 처음 정착한 곳이 뉴욕이었기 때문이다. 이민자들이 몰려들자 유럽의 투자자들도 뉴욕에 들어왔다.

미국이 금융 패권을 거머쥔
결정적 계기

1914년 제1차 세계 대전이 발발하면서 뉴욕은 본격적으로 세계 금융 시장의 중심지로 부상하기 시작했다. 유럽의 전쟁으로 미국

대공황 초기 뱅크 런으로 뉴욕의 아메리칸 유니언 은행 앞에 모인 사람들

의 제조업은 폭발적으로 성장했으며, 수많은 기업이 뉴욕에 있는 금융 회사로부터 신용 대출을 받았다. 1913년 연방 준비 제도(약칭 연준)가 의회에서 인준되었다. 1836년 중앙은행이 폐지된 이후 최초로 중앙은행이 설립되었다. 1917년 미국이 제1차 세계 대전에 참전하면서 뉴욕의 금융가는 중앙 정부 금융과 산업, 특히 미

★ 대공황

1920년대 미국은 소득 불균형, 과도한 주식 투기, 신용 거품 등 구조적 문제를 안고 있었다. 이로 인해 1929년 10월 24일 뉴욕 증권 거래소의 주가가 폭락하면서 20세기 최악의 경제 위기가 시작되었다. 대공황은 미국뿐만 아니라 전 세계로 확산되어 1930년대 내내 세계 경제에 큰 타격을 주었다.

군의 자금 처리의 중심이 되었다.

전후 유럽의 경제는 위축되었지만, 미국은 상대적으로 호황기를 맞았고, 뉴욕 금융 시장은 계속해서 활기가 넘쳤다. 하지만 유럽 시장의 경색과 그와 연동된 미국 제조업의 쇠퇴로 금융 시장의 활기는 주식 시장에만 국한되었다. 결국 광적인 주식 투자 붐이 이어지면서 1929년 대공황이 터지고 말았다.

미국뿐만 아니라 유럽 전체에 불어닥친 대공황은 뉴욕이 아직 세계 금융 시장의 중심지가 될 준비가 되지 않았다는 것을 증명했다. 미국이 런던을 대신해서 세계 금융 시장의 주도권을 장악하기 위해서는 어떤 결정적인 계기가 필요했다.

그 결정적인 계기가 제2차 세계 대전이었다. 수백 년간 이어져 온 영국 주도의 문명이 미국 주도로 바뀌는 세계사적 변화와 맞물려서, 뉴욕은 세계 금융 시장의 심장으로 부상했다. 유럽 재건에 필요한 장기 및 단기 해외 대출을 제공한 뉴욕은 세계 금융의 1번지가 되었다. 이후 뉴욕은 흔들림 없이 미국과 세계 금융의 메카로서 오늘날까지 그 위상을 지키고 있다.

1 뉴욕에 처음 정착한 유럽인은 어느 나라 사람들인가요?

2 미국이 세계 금융 패권을 거머쥔 결정적 계기는 무엇인가요?

3 '주식'과 '채권'은 각각 무엇인지 찾아보세요. (경제생활과 금융)

미국의 달러는 오늘날 세계에서 가장 중요한 기축 통화이다. 기축 통화란 국제 외환 시장에서 금융 거래 또는 국제 결제의 중심이 되는 통화를 의미한다. 기축 통화로서 기능을 수행하기 위해서는 기축 통화 발행국이 세계 외환 시장과 금융 및 자본 시장을 주도할 수 있는 역량과 시스템을 갖춰야 하며, 무엇보다도 전쟁으로 국가의 존립이 위협받는 일이 없어야 한다.

2024년 12월 기준으로 달러는 세계 외환 보유액의 약 58%를 차지하고 있다. 그다음이 유로로 20%, 일본의 엔이 6%, 영국의 파운드 스털링이 5%이다. 19세기와 20세기 초반까지는 파운드 스털링이 가장 중요한 기축 통화였지만, 그 시기의 파운드 스털링은 지금의 미국 달러만큼 세계 금융 시장에서 압도적인 주도권을 갖지 못했다. 독일의 마르크와 프랑스의 프랑의 견제가 만만치 않았던 것이다. 그런 점에서 지금 달러가 갖는 세계적 위상은 세계 화폐 역사상 가장 강력한 것이라고 할 수 있다.

화폐의 가치는 국제 사회에서 그 나라가 차지하는 위상과 밀접한 연관이 있다. 20세기 초까지만 해도 달러는 영국의 파운드 스털링은 물론이고, 마르크와 프랑과도 경쟁할 수 없는 2류급 화폐였다. 그런데 어떻게 현재의 위상을 갖게 되었을까? 달러의 성장 과정을 살펴보면 미국이 어떻게 세계 최강의 경제 대국이 되었는지도 알 수 있다.

남북 전쟁 이후
미합중국 최초의 지폐 발행

영국 식민지 시기에 미국의 유통 화폐, 즉 통화는 주로 영국의 통화 시스템을 따랐다. 하지만 스페인과 프랑스의 화폐도 통용되었다. 미국은 대서양과 서인도 제도, 중남미 통상의 중간 기착지였다. 영국, 스페인, 프랑스 상인들이 미국에 체류하면서 각자의 화폐를 사용했고 미국에는 하나의 통합된 화폐나 기준이 되는 화폐가 존재하지 않았다. 오늘날처럼 환율을 결정하는 시스템이 없었기에 화폐의 가치는 미국 내 식민지마다 약간씩 달랐다. 각 식민지가 형편에 따라 다양하게 국제 무역에 종사했기 때문에 통합 화폐가 필요하다고 생각하지 않았다. 영국도 식민지에 화폐 주조 권한을 부여하지 않았다. 식민지가 각자의 화폐를 주조할 권한을 갖게 되면 식민지에 대한 영국의 통제력이 약화될 것이기 때문이었다.

미합중국이 건립된 후 미국 의회는 1792년 '조폐법'을 통과시켜 미국의 주화 제도를 만들었고, 달러를 주요 통화 단위로 확립했다. 이 법에 따라 미국은 통화 단위에서 세계 최초로 십진법을 채택한 국가가 되었으며, 최초의 미국 동전은 1793년 필라델피아 조폐국에서 주조되었다. 하지만 미국은 1861년 남북 전쟁이 발발하기 전까지 지폐는 발행하지 않았다. 식민지 시대에도 그랬고, 독립 직후에도 그랬듯이 미국인들은 중앙 정부가 지폐를 발행하도록 하면 중앙 정부의 권한이 너무 커질까 봐 걱정했다. 그래서 대체로 민간 은행이 주 헌법에 따라 자체적으로 발행하는 지폐에 의존했다.

남북 전쟁이 발발하자 전쟁 자금 조달을 위해 연방 정부는 1861년 7월 재무부가 지폐를 인쇄하고 유통하는 것을 허용했다. 정부가 발행한 최초의 지폐인 '국가 은행권'은 그 뒷면이 녹색이어서 일반적으로 '그린백Greenback'이라고 불렀다. 당시 여러 은행에서 발행한 수천 가지의 은행권과 구별하기 위해서 지폐에 색깔을 입혔고, 쉽게 위조할 수 없도록 녹색으로 발행한 것이다. 훗날의 달러 지폐의 색깔이 결정되는 순간이었다.

1862년에 처음 발행된 1달러짜리 그린백

달러를 기준으로 한
환율 시스템의 시작

남북 전쟁 이후 급속한 산업화의 시대에 접어든 미국은 국내 금
융 시장의 안정을 위해 중앙은행이 필요함을 절실히 깨달았다. 유
럽의 변화무쌍한 지정학적 변수와 파운드 스털링의 약화 등으로
몇 차례의 심각한 경제 공황과 금융 위기를 겪은 후, 미국 정부는

1913년 연방 준비 제도법을 제정했다. 보통 '연준'이라고 알려진 연방 준비 제도만이 미국의 공식 화폐를 발행하고, 다른 나라의 중앙은행처럼 기준 금리를 결정할 수 있었다.

1918년부터 연준은 연방 준비 은행권, 곧 지금의 달러를 발행하기 시작했다. 처음에는 4종의 고액권만 발행했는데 사용도가 낮자 발행을 중지하고, 현재의 1, 2, 5, 10, 20, 50, 100달러 지폐를 발행했다. 이 지폐는 오늘날까지도 연방 준비 제도에서 제조되고 있는 유일한 통화이다.

미국의 중앙은행인 연방 준비 제도가 발행한 달러는 곧바로 그 위력을 발휘했다. 연준이 창설된 다음 해에 제1차 세계 대전이 발발했다. 유럽의 많은 국가가 군비를 지폐로 지불하기 위해 금 본위제를 중단하자 자국 통화의 가치가 하락했다. 금 본위제란 화폐의 가치를 금의 가치와 연계시키는 화폐 제도이다. 즉, 금이 더 많아야 화폐를 그만큼 더 발행할 수 있다. 그런데 유럽 국가들은 전쟁이 장기화되면서 군비 지출이 크게 늘었고, 금 본위제의 제약으로 인해 필요한 만큼의 화폐를 발행할 수 없게 되었다. 이에 유럽 국가들은 금 본위제의 족쇄를 벗어던지고 필요한 만큼 지폐를 찍어내기 시작했다. 금과의 연계를 끊고 화폐를 찍어낸 것이다. 이렇게 되면 그 화폐의 가치는 금에 의해 보장되지 않기에 하락하게 된다. 영국의 경우, 파운드 스털링의 가치가 하락하자 금으로 미국 수입품 값을 치렀다. 이처럼 금 본위제를 포기한 유럽 국가들이 미국산 물자를 금으로 결제하면서 미국으로 금이 계속 유입되었고, 미국은 금 보유에서 영국을 앞질러서 세계에서 금을 가장 많이 보유한 국가가 되었다. 이는 달러화의 위상을 높이는 결과로 이어졌다.

달러가 글로벌 기축 통화로 지위를 굳힌 배경은 제2차 세계 대전이었다. 유럽 국가들은 제1차 세계 대전 이후 세계 기축 통화의 부재가 세계 금융 시장을 흔들어놓았고, 대공황과 제2차 세계 대전의 배경이 되었다고 보았다. 그래서 불안한 국제 금융 환경을 개선하기 위해 1944년 미국 뉴햄프셔주의 브레턴우즈에서 44개 연합국이 참석해서 '브레턴우즈 협정'을 체결했다. 모든 외국 통화의 환율을 미국 달러에 고정하고, 온스당 35달러의 고정 환율로 모든 달러를 금으로 교환할 수 있게 했다. 달러 가치를 금에 고정시킴으로써 달러에 대한 신뢰를 높이는 조치였다. 당시 미국은 전쟁의 피해를 거의 입지 않은 유일한 국가였고, 금으로 뒷받침되는 달러가 상대적으로 안정적이었기 때문에 미국 달러를 공식 기준 통화로 사용하기로 합의한 것이다. 달러의 가치를 금에 고정해 '고정 환율제'의 안정성을 얻고, 각국 통화는 일정 범위 내에서 변동을 허용함으로써 '변동 환율제'의 유연성까지 갖춘 브레턴우즈 체제 덕분에 전후 국제 무역과 경제는 안정을 찾을 수 있었다. 또한 미국은 국제 통화 기금IMF과 세계은행을 설립해서 국제 금융 질서를 관리하기 시작했다.

페트로 달러는
어떻게 탄생했나?

제2차 세계 대전 직후 세계 경제의 불안 속에서 달러는 기축 통화로서 세계 통화 가치를 표준화하면서 금융 시장을 안정시키는 데 결정적인 역할을 했다. 하지만 패전국인 독일과 일본의 경제가 회복되면서 1960년대 중반에 세계 경제에서 미국이 차지하는 비중이 급격히 줄어들기 시작했다. 게다가 베트남 전쟁에 개입하면서 미국이 전쟁 자금 조달을 위해 지폐를 과다하게 찍어냈기 때문에 달러가 시장에 넘쳐났고, 달러의 가치는 하락했다. 이는 가파른 인플레이션을 초래했다. 달러의 안정성에 대한 우려가 커지면서 외국에서는 미국 정부에 자국의 달러 보유고를 금으로 전환해달라고 요구하기 시작했다.

1971년 8월 15일, 닉슨 대통령은 이른바 '닉슨 쇼크'라고 불리는 특단의 조치를 발표했다. 포트녹스(미국 금괴 보관소)의 금 보유량이 모두 고갈되는 불상사를 막기 위해 미국 달러와 금의 유대를 끊기로 선언하며, 브레턴우즈의 핵심인 달러의 금 태환 정책을 중단시켜버린 것이다. 그 결과 한 국가의 통화 가격이 다른 통화와의 수요와 공급에 따라 외환 시장에서 결정되는 오늘날의 변동 환율이 탄생했다.

닉슨 쇼크는 무엇보다도 미국 경제를 휘청거리게 만들었다. 1970년대 기축 통화로서 달러의 가치는 3분의 1이나 하락했으며, 1973년부터 1975년까지 미국은 심각한 경기 침체에 빠졌다. 1973년에 시작한 불황은 근본적으로 이스라엘과 중동 국가 간의 전쟁으로 아랍 국가들이 미국에 석유 수출을 제한함으로써 시작되었기에 '오일 쇼크'라고도 한다. 이것이 닉슨 쇼크로 인한 달러의 가치 하락과 맞물려서 경기 침체를 심화시켰다.

미국이 이 위기를 극복할 수 있었던 것은 사우디아라비아 덕분이었다. 1973년 사우디아라비아가 석유 판매 대금으로 미국의 달러만 받겠다고 선포한 것이다. 대신 사우디는 미국으로부터 군사, 안보, 경제 원조 등의 지원을 약속받았다. 이른바 '페트로(석유) 달러'의 등장으로 닉슨 쇼크에도 불구하고 달러는 결정적인 추락을 피할 수 있게 되었다.

'통화의 왕좌'라는 위상, 그에 뒤따르는 대가

미국의 달러는 오늘날에도 여전히 통화의 왕좌를 지키고 있다. 달

2025년 11월 말 기준 주요국의 외환 보유액

(단위: 억 달러)

순위	국가	외환 보유액
1	중국	33,464
2	일본	13,594
3	스위스	10,588
4	러시아	7,346
5	인도	6,879
6	대만	5,998
7	독일	5,523
8	사우디아라비아	4,637
9	한국	4,307
10	홍콩	4,294

※자료: 한국은행

러는 전 세계 외환 보유고의 대부분을 차지할 뿐만 아니라 국제 무역에서 여전히 가장 선호하는 통화이다. 석유와 같은 주요 원자재는 주로 미국 달러로 사고팔며 대다수의 산유국은 석유 대금으로 달러를 사용한다. 국가마다 재정의 안정성을 위해서 달러와 미국 정부의 채권을 매입해서 저축하려고 한다. 중국은 현재 약 3조 3,464억 달러를 보유한 세계에서 가장 많은 외환 보유 국가이다. 이는 두 번째 많은 일본의 1조 3,594억 달러의 2.5배인 액수이다.

한국은 약 4,307억 달러로 세계 9위이다.

달러가 '엄청난 특권'을 누리는 것은 사실이나 대가도 따른다. 달러의 영향력이 크면 클수록 미국은 국제 무역에서 통제력을 잃게 된다. 예컨대, 글로벌 경제 위기가 닥치면 불안한 투자자들은 안전 자산인 달러에 투자하려고 한다. 그 결과 달러 가치가 상승하는데, 그 덕분에 미국 소비자는 외국 수입품을 더 저렴하게 살 수 있는 반면 미국의 수출품 가격은 상승한다. 외국 소비자들은 같은 미국 제품을 더 비싼 달러로 구입해야 하기 때문에 당연히 구매를 꺼리게 된다. 이처럼 달러의 가치 상승은 미국의 무역 불균형과 미국 제조업의 불황을 초래한다. 이는 다음에 설명할 최근의 '리쇼어링' 정책과도 밀접한 관련이 있다.

◆ 생각의 깊이를 더해주는 최소한의 질문들 ◆

1 미국 최초의 지폐 '그린백'은 어떤 전쟁 때문에 만들어졌나요?

2 '닉슨 쇼크' 이후 달러의 추락을 막아준 것은 무엇인가요?

3 '환율'이란 무엇인지 찾아보세요. (환율과 국제 거래)

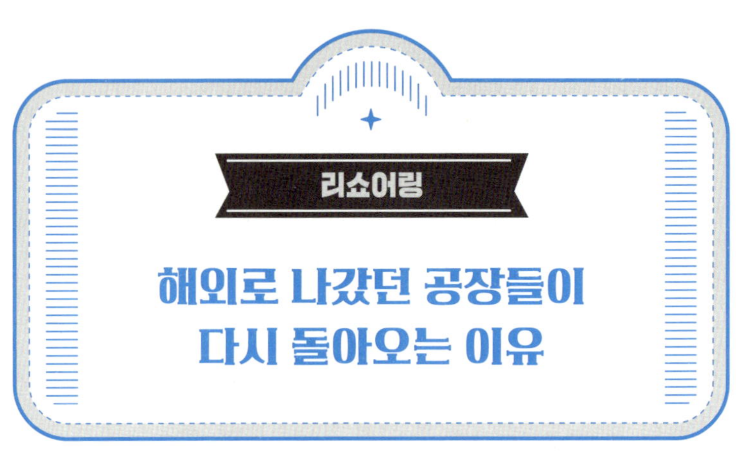

리쇼어링reshoring은 글자 그대로 해외에 진출했던 기업이 본국의 해안shore으로 다시re 돌아오는 현상이다. 1980년대 세계화의 급물살을 타고 생산비 절감을 위해 인건비가 낮은 나라를 찾아 국경 밖으로off 기업들이 이전했던 오프쇼어링offshoring의 반대적인 개념이다. 2000년대에 들어서면서 효율성 향상과 품질 관리 등을 위해서 해외에 있던 생산 시설이나 자본을 본국으로 이전하는 리쇼어링이 새로운 추세가 되었다.

최근에 제조업을 중심으로 수많은 미국 기업이 미국으로의 리쇼어링을 추진하고 있다. 특히 자동차, 전기 전자, 기계, 의류 영역에서 그 추세가 두드러진다. 리쇼어링이 과연 효과적이고 바람직한 현상인가에 대해서는 기업에 따라 차이가 있으며, 전문가들에 따라 의견이 갈린다. 하지만 최근 들어서 리쇼어링은 정치적으로 '뜨거운 감자'가 되었다. 특히 2016년 대선 때 도널드 트럼프 공화당 후보가 "제3세계로 나간 공장들을 다시 미국으로 가지고 오겠다. 그래야 우리의 일자리가 늘어난다"라고 유세하자 주요한 정치적 이슈가 되었다. 2020년 선거에서 당선된 조 바이든 대통령 역시 리쇼어링에 대한 의지를 강하게 표출했다. 특히 미국 내에서 생산하는 전기 차에 인센티브를 제공하면서 자동차 산업의 리쇼어링을 촉진했다.

최근 미국에서 불고 있는 리쇼어링 기류는 코로나19 팬데믹으로 취약해진 글로벌 공급망과 대통령 선거에서 표심을 잡으려는 정치적 이해관계에 따른 것이다. 기업의 입장에서는 리쇼어링에 대해 동일한 입장을 가질 수 없다. 특히 팬데믹이 지나간 이후, 기업 환경이 팬데믹 이전의 상황으로 되돌아가고 있어 리쇼어링은 강하게 불고 있는 애국주의와 전통적인 자유 시장주의의 대결이 되고 있다.

미국 제조업의 부활, 오프쇼어링에서 리쇼어링으로

트럼프 대통령 집권 시기에 그의 노골적인 '미국 우선주의' 정책에 따라 리쇼어링이 본격적으로 관심을 받게 되었지만, 이전 오바마 행정부 때부터 리쇼어링이 장려되었다. 그 배경에는 2008년 금융 위기의 여파가 크게 자리 잡았다. 2008년 당선된 버락 오바마 대통령은 "미국을 다시 만들자Remaking America"라는 슬로건을 내세우면서 미국의 제조업 리쇼어링을 장려하기 위해 법적 체계, 프로젝트 계획 및 관련 기관 설립을 포함한 일련의 정책을 폈다. 미국 의회 역시 제조업 활성화를 위해 관련 법안을 통과시켰다. 상원은 2009년에 미국 회복 및 재투자법을 통과시켰고, 하원은 미국 청정 에너지 및 안보 법안을 통과시켰다. 2010년에 오바마 대통령은 미국 제조업 강화법에 서명했다.

이러한 오바마 행정부의 제조업 부흥 정책은 일견 기업 우호적인 공화당 성향의 정책으로 보일 수 있으나, 오바마 대통령이 리쇼어링을 채택한 주요한 배경은 오랫동안 진행된 오프쇼어링 정책으로 인한 미국의 실업률 상승과 소득 불평등을 해소하기 위함이었다. 계속된 오프쇼어링 추세로 미국 내 제조업에 종사하는 노동자의 수가 급격히 줄면서 소득 격차도 커졌다. 1990년대까지만 해도 세계 제조업 생산의 30% 이상을 차지한 미국이 오바마 행정부가 들어설 때쯤에는 18% 수준으로 하락했고, 미국 제조업

★ 2008년 금융 위기

미국의 서브프라임 모기지 대출 부실화로 촉발되었다. 은행의 파산으로 글로벌 금융 시스템이 위기에 빠졌고, 전 세계 경제가 심각한 침체를 겪었다.

의 GDP 대비 부가 가치 비중도 1970년대에는 20% 중반을 유지하다가 2009년에 11.9%까지 내려갔다.

이러한 상황에서 2008년 금융 위기로 제조업이 가장 큰 타격을 입었고, 그에 따라 실업률이 상승하면서 소득 불균형이 심화된 것이다. 오바마는 이러한 추세를 막기 위해서 미국 내 제조업을 활성화하는 리쇼어링 정책이 우선적으로 필요하다고 본 것이다.

리쇼어링을 가속화한 두 개의 사건

2008년 금융 위기와 오바마 행정부의 리쇼어링 정책으로 말미암아 미국 내에서 리쇼어링에 대한 관심이 부가되긴 했지만, 실질적으로 리쇼어링이 크게 확산되는 계기는 최근의 코로나19 팬데믹과 우크라이나 전쟁이었다.

팬데믹은 공급 충격과 수요 충격을 동시에 가져왔다. 공급 충격은 봉쇄로 인한 생산 중단으로 촉발되었고, 수요 충격은 소비자의 소비 능력과 의지가 감소하면서 촉발되었다. 낮은 생산가에 의존하는 기존의 오프쇼어링 공급망에 차질이 빚어지자 미국은 미국산 제품 및 부품의 생산과 조달에 관한 규정을 재정비하면서 미국 기업들의 리쇼어링을 유도했다. 그 대표적인 법안이 2021년 인프라법, 2022년 칩스CHIPS 및 과학법, 2022년 인플레이션 감소법IRA 등이다. 이러한 법안의 영향으로 컴퓨터, 전자 및 전기 제조업에 대한 실질 건설 지출은 폭발적으로 증가했다. 미국노동청통계국에 따르면 2023년 4월 제조업에 대한 실질 건설 지출은 1,000억 달러에 육박했는데, 이는 칩스 및 과학법이 통과되기 이전보다 적어도 2배 이상 증가한 것이다.

팬데믹의 여파를 벗어나지 못하고 있을 때, 엎친 데 덮친 격으로 우크라이나 전쟁이 발발하면서 세계는 글로벌 공급망의 취약성에 노출되었다. 미국 기업들은 전쟁에 따른 혼란으로부터 공급망을 보호하기 위해 리쇼어링을 가속화했고, 동시에 인근 국가에 있는 제조 및 노동 인프라를 활용하는 니어쇼어링nearshoring을 구축하기 시작했다. 글자 그대로 미국이 아니더라도 인근near 국가로 생산 공장을 옮겨와서 지정학적 불안으로 공급망에 차질이 발생할 때를 대비하기 위함이었다. 이로 인해 탄력적인 공급망 구축과 효율적인 생산 관리가 가능해지자, 상품의 투명성이 높아지고 고객에게 상품을 운송하는 데 걸리는 시간도 오프쇼어링 시스템 때보다 훨씬 줄어들었다. 애플, 나이키, 테슬라 같은 대형 기업들이 제품의 투명성을 높이고 원거리 공급 업체에 대한 의존도를 줄이기 위해 선도적인 노력을 기울였다.

미국 우선주의 정책은
지속될 것인가?

2016년 대선 기간 동안 트럼프는 무역, 세금 및 규제 정책을 통해 제조업을 되살리겠다고 약속했다. 트럼프의 '미국을 다시 위대하게Make America Great Again, MAGA' 정책의 많은 부분은 리쇼어링에 대한 의지를 담고 있었다. 예상대로, 트럼프 재임 초반에는 미국으로 돌아오는 일자리 수가 급증했다. 트럼프 행정부의 법인세율 규제 및 인하와 기업 친화적 정책이 크게 작용했다. 트럼프는 제조업 리쇼어링에 대한 긍정적인 사회 분위기를 조성하는 데 주력했다. 예컨대, 트럼프는 2017년부터 미국 국방부에 미국산 운동화 구매 정책을 시행하도록 요구해서 인기를 끌기도 했다.

하지만 전반적으로 트럼프 대통령 임기 내의 리쇼어링 정책은 별다른 효과가 없었다. 무엇보다도, 단편적이고 예측 불가능한 관세 정책은 기업들을 불안하게 만들었다. 예컨대, 철강에는 관세를 부과하고 철강 제품에는 관세를 부과하지 않음으로써 철강 제품 제조업은 경쟁에서 불리한 입장이 되었다. 중국에 대한 관세 부과로 미국 내 제조업이 혜택을 받기보다는 다른 동남아시아 국가들이 혜택을 보았다. 중국 외에도 생산 단가가 낮은 곳은 얼마든지 있었다. 모든 국가와 모든 제품에 균일하게 적용되지 않는 편파적인 관세는 효과가 없었다.

일관성 없는 관세 정책과 중국과의 무역 전쟁으로 리쇼어링 정책의 장기적인 유불리를 따진 기업들은 정부의 리쇼어링 정책을 적극적으로 수용하지 않았다. 시간이 지나면서 리쇼어링 기업들의 수가 감소했다. 이러한 추세를 역전시킨 계기는 2020년 초에 시작된 코로나19의 여파였다. 이제까지 경험하지 못한 전 세계적인 팬데믹으로 인해 많은 기업이 공급망과 생산 관리의 효율성을 높이기 위해 리쇼어링을 선택한 것이다.

미국의 리쇼어링 정책이
한국에 미치는 영향

리쇼어링에 대해서는 바이든이나 트럼프의 접근 방식에 근본적인 차이가 없다. 바이든이 내세운 "미국이 다시 돌아왔다America is back"는 트럼프의 "미국을 다시 위대하게"와 근본적으로 다르지 않은 보호주의 정책의 슬로건이었다. 2022년에 시행된 바이든의 인플레이션 감소법은 전기 자동차 생산에 필요한 광물에 대한 국내 채굴을 촉진하는 것을 목표로 했다. 트럼프의 소비재에 대한 관세와 달리 바이든은 미국에 전략적으로 중요한 반도체 같은 기술 제품에 우선적으로 관세를 부과했다. 2022년 미국 의회는 미국 내 반도체 연구 및 제조를 촉진하기 위해 약 2,800억 달러의 신규 자금을 제공하는 칩스 법안을 통과시켰다. 미국 제조업 부흥을 위해 바이든 행정부는 미국 기업들의 새로운 국내 기반 프로젝트에 2,000억 달러 이상의 신규 투자를 촉진했다.

우크라이나 전쟁과 미중 긴장이 계속 고조되고, 이스라엘과 하마스의 분쟁이 새롭게 고조되는 가운데, 미국인들은 특히 식량과 연료 가격 상승으로 인한 지속적인 인플레이션 압박을 받게 되었다. 또한 공급망 문제를 촉발하고 부각시킨 코로나19 팬데믹의 여파로 공급망 혼란이 성장에 가장 큰 위협이라는 것을 간파하고 있으므로 미국의 리쇼어링은 계속해서 미국의 주요한 정책으로 자리 잡을 가능성이 크다.

하지만 리쇼어링 정책이 미국의 전통적인 제조업에 지속적인 기회를 제공할지는 의문이다. 전통적인 제조업의 성공 여부는 변화하는 시장 역학, 기술 발전, 진화하는 소비자 선호도에 따라 결정될 것이다. 미국은 이미 IT 기술에 기반한 첨단 제조업으로 세계 시장을 장악하고 있어 전통적인 제조업의 부활에는 한계가 있을 것이다. 다음 글에서 살펴보겠지만, 서부 해안 지역에 몰려 있는 하이테크 기업의 위상은 더 커질 테지만, 중서부의 전통적인 제조업 공장 지대는 예전의 위상을 회복하기 어려울 것이다.

다행히 대한민국은 미국의 하이테크 기업과 공조하며 첨단 제조업 강국의 지위를 지켜내고 있다. 미국이 리쇼어링을 넘어 해외 기업 투자 유치에 적극 나서면서 이차 전지와 반도체 핵심 기술 등에서 세계적인 경쟁력을 갖춘 한국 기업들의 미국 진출도 늘어나고 있다. 미국의 리쇼어링 정책이 어느 방향으로 전개되든지 간에 우리에겐 긍정적인 영향을 미칠 가능성이 높다. 첨단 하이테크 제조업 방향으로 간다면 우리의 역량을 더욱 발휘할 수 있을 것이고, 반대로 전통적인 제조업 방향으로 간다면 우리가 첨단 하이테크 분야에서 선점할 영역이 더욱 넓어지기 때문이다. 급속한 변화를 감지하고 정부, 기업체, 대학이 함께 힘을 모아 우리의 역량을 키워나가는 것이 관건이다.

생각의 깊이를 더해주는 최소한의 질문들

1 리쇼어링의 반대 개념인 오프쇼어링은 무엇을 뜻하나요?

2 리쇼어링을 가속화한 두 가지 사건은 무엇인가요?

3 한국 기업 중 미국에 공장을 세운 사례를 하나 이상 찾아보세요.

(세계화와 기업)

세계에서 가장 큰 5개의 빅테크 회사를 묶어서 가팜GAFAM이리고
한다. 구글/알파벳, 아마존, 페이스북, 애플, 마이크로소프트의 이
니셜을 딴 것이다. 2021년 페이스북이 메타로 바뀌었지만 가팜은
기술, 커뮤니케이션, e커머스 등 다양한 영역에서 전 세계에 막강
한 영향력을 행사하고 있다. 가팜에 속한 기업들은 모두 미국 기
업이다. 2025년 가팜 기업의 시가총액은 약 15조 달러이다. 원화
로 환산하면 약 2경 원 규모로, 한국 정부의 연간 예산의 30배 안
팎에 해당하는 천문학적인 금액이다.

그런데 가팜에 속한 기업들은 모두 캘리포니아를 중심으로 미
국의 서부 해안에 있다. 그뿐만 아니라 서부 해안에는 기업 가치

10억 달러가 넘는 기술 분야의 민간 기업으로, 아직은 주식 시장에 상장되지 않았지만 가팜의 자리를 노리는 이른바 '기술 유니콘 기업'들이 몰려 있다. 예를 들어, 데이터브릭스의 본사와 스페이스X의 핵심 기술 시설이 캘리포니아에 있다. 2003년 이후에 창업해서 유니콘 기업이 된 약 300개의 기업 중 절반이 미국에 있으며, 그중 3분의 2가 캘리포니아에 있다.

왜 미국의 대형 하이테크 기업들과 기술 유니콘 기업들은 캘리포니아를 비롯한 서부 해안에 자리를 잡았을까? 이것은 미국 문명의 흐름에서 어떤 의미가 있을까?

하이테크 산업에 쏠린 투자자들과 정부의 관심

미국의 산업 혁명은 대서양 연안의 뉴잉글랜드에서 시작되었다. 대부분의 산업 혁명 도시가 그렇듯이 뉴잉글랜드는 섬유 산업의 중심지였다. 뉴잉글랜드는 풍부한 천연자원을 갖추었는데, 특히 기계에 동력을 공급하는 데 필수적인 수로를 이용할 수 있었다. 또한 인근의 하버드와 같은 아이비리그 대학들에서 엘리트 인력을 공급받을 수 있었다. 영국의 은행을 포함해서 외국 자본과 뉴욕, 보스턴 등의 신흥 미국 투자자들이 접근하기에 유리한 지리적 요건에 따라 뉴잉글랜드는 섬유 공장을 중심으로 미국의 초기 산

미국의 서부 해안에 자리 잡은 주요 빅테크 기업

1	Apple(애플)
2	Microsoft(마이크로소프트)
3	Alphabet(알파벳, Google의 모회사)
4	Amazon(아마존)
5	Meta Platforms(메타 플랫폼스, 구 Facebook)
6	NVIDIA(엔비디아)
7	Broadcom(브로드컴)
8	Cisco Systems(시스코 시스템즈)
9	Intel(인텔)
10	Adobe(어도비)
11	Salesforce(세일즈포스)
12	PayPal(페이팔)
13	Netflix(넷플릭스)
14	Qualcomm(퀄컴)
15	AMD(에이엠디)
16	Uber(우버)
17	Airbnb(에어비앤비)

업 혁명을 주도했다. 매사추세츠주의 로웰과 같은 도시는 미국 섬유 산업의 메카가 되었다. '로웰 신화'는 이민의 홍수로 인해 풍부한 노동력이 뒷받침되면서 더욱 성장했고, 지금의 중서부 지역까지 확장되었다.

남북 전쟁 이후 미국의 산업 혁명은 영국이나 다른 유럽의 산업 혁명과는 비교가 되지 않을 정도로 빠르고 광범위하게 전개되었다. 광활한 서부로의 팽창이 가속화되자, 산업 혁명의 심장이라 할 수 있는 철도가 대륙을 연결하며 미국 전역은 산업 혁명의 힘찬 맥박으로 고동쳤다. 펜실베이니아주 피츠버그에 터를 잡은 앤드루 카네기의 철강이나 오하이오주 클리블랜드에 자리 잡은 존 D. 록펠러의 석유는 순식간에 미국 전역으로 영향력을 확대했다. 여기에 J.P. 모건 등의 금융 자본가들이 더해져서 19세기 말에 미국은 금융, 철강, 석유 등 주요 기간 산업에서 이미 영국을 추월했거나, 적어도 어깨를 같이할 정도로 성장했다.

20세기에 들어서 기존의 전통적인 산업 외에도 하이테크 벤처 분야가 투자자들과 정부의 관심을 받기 시작했다. 특히 1920년대에 재무 장관을 지낸 앤드루 멜런은 새로운 기술 집약적인 산업에 대한 세금 혜택 정책 등을 펴면서 초기 하이테크 산업을 견인하는 데 지대한 공헌을 했다. 1900년에 카네기가 세운 카네기 기술 학교가 훗날에 카네기 멜런 대학으로 명명되었다. 미국의 대표적인 산업 자본가였던 카네기와 하이테크 기업 혁신을 주도했던 멜런의 업적을 기리기 위함이었다.

　　1925년에 설립된 뉴잉글랜드 위원회NEC는 네트워킹, 정보 공유 및 옹호를 위한 플랫폼 역할을 하면서 인프라 개발, 인력 교육, 규제 개혁 등을 위해 설립되었다. 제2차 세계 대전은 레이더 탐지 및 마이크로 일렉트로닉스 등의 분야에서 기술 발전을 촉진하는 촉매제가 되었다. NEC는 1946년 벤처 캐피털 회사인 아메리칸 연구 개발 회사ARD를 설립해서 새로운 기술 산업 육성을 선도했다. ARD는 1957년에 위험 부담이 컸던 초기 컴퓨터 스타트업인 디지털 장비 회사DEC에 투자해 상당한 수익을 거두면서 미국 벤처 캐피털이 급성장하는 계기를 제공했다.

기술 연구와 혁신의 허브가 된 두 개의 대학

제2차 세계 대전 후 'IT 혁명'의 거점은 당연히 ARD와 DEC가 위치한 동부가 될 가능성이 컸다. 그런데 IT 혁명은 대륙 정반대편에 있는 캘리포니아에서 더욱 강력하게 전개되었고, 이내 그 혁명의 집산지가 탄생하기까지 했다. 그곳이 실리콘밸리이다. 글자 그대로 반도체와 집적 회로를 만드는 회사들이 모여 있는 계곡이라는 의미이다. 실리콘밸리의 신화를 촉발한 데는 인근에 위치한 스탠퍼드 대학교와 버클리 대학교의 영향이 컸다. 특히, 스탠퍼드 대학교는 기술 연구와 혁신의 허브 역할을 하며 수많은 기술 벤처 기업의 탄생을 도왔다. 스탠퍼드 대학교 졸업생들이 실리콘밸리에 터를 잡은 휴렛 팩커드HP뿐만 아니라 훗날 미국의 대표적인 IT 기업들을 창업했다. 오늘날의 용어로 '산학연' 연계 모델이 실리콘밸리의 신화를 창출하는 데 주요한 역할을 한 것이다.

물론 애플 신화를 창출한 스티브 잡스는 스탠퍼드나 버클리 대학 출신은 아니었지만, 그가 어린 시절을 보낸 곳이 컴퓨터와 관련된 새로운 기술 혁명의 중심지였던 실리콘밸리였으므로 그의 성공 신화는 '산학연'의 결과라고 해도 과장이 아니다. 실리콘밸리가 위험을 감수하고 혁신과 협업을 장려하는 기업가적 문화의 온상이 되면서 새로운 아이디어에 기꺼이 투자하는 기술 스타트업과 벤처 자본가들이 모이기 시작했다. 그 결과가 애플, 구글, 페이스북, 인텔 등 거대 기술 기업들의 탄생인 것이다.

이들 거대 기술 기업의 성공과 함께 미국은 물론 전 세계에서 최고의 인재들이 실리콘밸리에 모여들었다. 인재가 모이고 성공하는 벤처 기업들이 늘어나자 이에 투자하는 자본이 몰려들었고, 실리콘밸리는 인재와 아이디어만 뒷받침된다면 누구나 꿈과 이상을 펼칠 수 있는 곳이 되었다.

기술 기업이 캘리포니아에 머무는 또 하나의 이유는 한 산업 생태계가 한곳에 자리를 잡으면 그 생태계에서 멀리 떨어진 곳에서 유사한 사업을 하기가 쉽지 않기 때문이다. 기술 회사는 종종 공급 업체와 다른 기술 회사들과 상호 작용을 해야 한다. 공급 업체가 너무 멀리 떨어진 곳에 있다면 부품을 구하는 데 어려움을 겪을 수밖에 없다. 특히, 그 수가 많지 않은 전문 분야의 경우에는 다른 곳에서 필요한 도움을 받기 힘들기 때문에, 그 분야에서 가장 큰 공급원이 위치한 실리콘밸리를 떠나기가 어려운 것이다.

캘리포니아는 미국에서 세금이 높은 주에 속한다. 기업 세율, 판매 세율, 재산 세율은 미국에서 가장 높은 수준이며, 개인 소득세도 미국 내에서 가장 높다. 그럼에도 기술 기업들이 캘리포니아를 떠나지 않는 것은 동종 기업과의 연대와 협조가 중요하기 때문이다.

캘리포니아 드림에서 반문화 운동 열풍까지

마지막으로 무시하지 못할 부분이 문화적인 배경이다. 캘리포니아를 비롯한 서부 해안 지역에 오랫동안 꿈과 희망을 추구하는 진취적인 사람들이 몰려들었다. 1848년 캘리포니아에서 금광이 발견된 것은 미국 문명의 새로운 전환점이었다. '골드러시'는 미국인들은 물론이고, 일확천금을 노리는 전 세계 사람들이 캘리포니아로 몰려들게 만들었다. 캘리포니아는 기존의 동부에서 볼 수 없는 새로운 문화를 창출했다. 기존의 전통과 습관, 가치는 별다른 매력을 주지 못했고, 새로운 기회와 가치가 사람들을 매료시켰다. 기존의 '아메리칸드림'보다 더욱 강력하고 진취적인 '캘리포니아 드림'이 부상했다.

'캘리포니아 드림'은 일반적으로 기회와 번영, 질 높은 삶이 있는 곳이 캘리포니아라는 생각이나 인식에서 나온 개념이다. 이는 끝없는 햇살과 아름다운 해변이 펼쳐진 곳에서 기술 혁신, 엔터테인먼트 산업, 다양한 문화와 꿈을 추구하고 성공을 이룰 수 있는 곳이라는 캘리포니아의 비전을 포괄한다.

골드러시는 더 이상 존재하지 않는 과거의 기억으로 사라졌지만, 100년 뒤에 새로운 골드러시가 찾아왔다. 골드보다 더 미국인들의 심장을 뛰게 만든 것은 IT를 포함한 새로운 기술이었다. 옛날 골드러시의 심장부는 사금이 발견된 곳과 멀지 않은 샌프란시스코였는데, 새로운 골드러시의 중심지도 실리콘밸리와 인접한 샌프란시스코였다.

샌프란시스코는 다시 한번 꿈과 희망을 품고 새로 도전하는 사람들로 넘쳐났다. 실리콘밸리를 중심으로 IT 골드러시가 새롭게 붐을 이루면서 샌프란시스코는 히피 문화와 이른바 '반문화 운동'의 열풍에 휩싸였다. 1967년 샌프란시스코의 '사랑의 여름 Summer of Love'이 그것을 대표했다. 미국의 젊은이들은 시와 음악,

★ 사랑의 여름

1967년 여름, 샌프란시스코를 중심으로 일어난 반문화 운동의 절정기를 일컫는 말. 당시 수많은 히피가 자유로운 공동체 생활을 하며 사랑, 평화, 반전 등의 메시지를 전파했고, 록 페스티벌과 퍼포먼스를 통해 기성세대에 반기를 들었다.

자유와 방종, 마리화나(대마초)와 자유연애 등으로 기성세대의 제도와 가치관을 온몸으로 거부하고 반항했다. 거기에 스티브 잡스도 있었다.

"다르게 생각하자Think different"를 외치며, "열정을 갖고, 미련하게 밀고 나가라Stay hungry, stay foolish"를 외치며, 애플 신화를 창출한 스티브 잡스의 열정과 신념은 '캘리포니아 드림'의 상징이 되었다.

1 실리콘밸리의 탄생에 큰 역할을 한 대학교는 어디인가요?

2 세금이 비싼데도 기술 기업들이 캘리포니아를 떠나지 못하는 이유는 무엇인가요?

3 '벤처 기업'이란 무엇인지 찾아보세요. (기업가 정신)

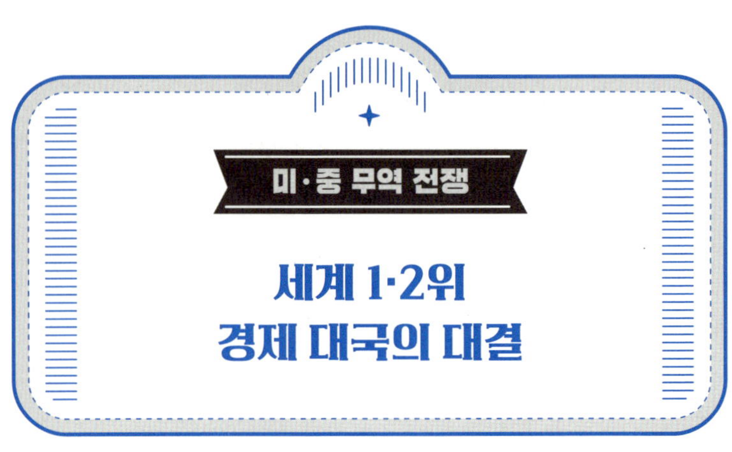

세계 1·2위
경제 대국의 대결

2001년 중국이 세계 무역 기구WTO에 가입한 이후 미국과 중국 간 무역이 폭발적으로 증가했다. 중국은 미국 상품과 서비스의 최대 수출 시장 중 하나가 되었고, 미국은 중국 수출의 중요한 대상국이 되었다. 현재 중국의 가장 중요한 무역 파트너는 미국이고, 미국에게 중국은 멕시코, 캐나다에 이어 세 번째 중요한 무역 파트너이다. 수입 기준으로만 보면 중국은 멕시코에 이어 미국의 제2위 수입국이다.

미중 상호 호혜적인 무역 관계는 소비자 가격 인하, 기업의 수익성 향상과 혁신을 촉진하고 일자리를 창출했다. 이는 두 나라 모두에게 경제적 이득을 가져다주었다. 미국 기업들은 방대한 중국 시장을 활용하여 매출을 늘리고 글로벌 입지를 확대했다. 중국 제조 업체들도 미국의 첨단 기술과 전문 지식을 습득하며 글로벌 무대에서 경쟁력을 높여갔다.

그러나 미중 무역이 급속하게 증가하자 미국 내에서는 이에 대한 비판도 거세졌다. 중국의 지식 재산권 도용, 불공정 무역 관행, 환율 조작, 시장 접근 장벽과 같은 문제가 꾸준히 제기되었다. 중국에서 저렴한 상품이 유입되면서 미국 소비자들은 다양한 제품을 저렴하게 구매할 수 있게 되었으나, 이는 미국 내에서 일자리 상실과 특정 산업의 쇠퇴로 이어졌다. 불과 얼마 전만 해도 중국의 WTO 가입으로 글로벌 경제와 미중 간 경제 활성화에 대한 낙관론이 우세했는데, 현재는 비관론이 더 강하다.

경제 대국으로 급부상한 중국은 길게 보면 제2차 세계 대전 이후, 짧게 보면 1990년대 초 소련의 붕괴 이후, 세계 질서를 주도해온 미국에 가장 강력하게 도전하는 국가가 되었다. 미국은 과연 중국과의 무역 분쟁을 어떻게 해결해나갈까? 이 문제를 이해하는 것은 세계 경제는 물론 미국 패권주의의 미래를 내다보는 열쇠가 될 것이다.

환상에서 현실로,
중국을 향한 미국의 오랜 관심

미국의 역사는 시작부터 중국과 관련이 깊다. 15~16세기 대항해
시대에 크리스토퍼 콜럼버스, 바스코 다가마, 페르디난드 마젤란
과 같은 유럽 탐험가들은 향신료, 비단 등을 얻기 위해 아시아로
가는 새로운 바닷길을 찾았다. 그 아시아를 대표하고 상징하는 곳
이 중국이었다. 유럽인들은 중국에만 가면 온갖 금은보화와 진귀
한 물품을 얻게 될 것이라고 믿었다. 지금의 미국에 도착한 많은
유럽의 탐험가도 북아메리카 내륙 수로를 탐험하다 보면 중국으
로 가는 길을 찾을 수 있을 것이라는 환상에 사로잡혔다.

네덜란드 동인도 회사에서 일하던 영국 항해사 헨리 허드슨도
그러한 탐험가 중 한 명이었다. 1609년, 허드슨은 자신의 배인 하
프문호를 타고 지금의 뉴욕시에서 출발해서 북아메리카 내륙 탐
사에 착수했다. 그는 아시아로 가는 통로를 찾지는 못했지만, 그
가 통과한 강과 주변 지역에 대한 정보는 초기 유럽인들의 북아
메리카 탐험과 식민지 개척에 중요한 역할을 했다. 훗날 그가 탐
험을 시작한 강은 그의 이름을 따서 허드슨강으로 명명되었다.

영국의 북아메리카 식민지가 정착되면서 중국으로 가는 수로
가 존재한다는 신화와 전설은 환상에 불과하다는 것을 알게 되었
다. 미국은 독립 이후 서부 팽창을 시작했지만, 중국에 대한 환상
은 사라졌다. 하지만 1840년대 초에 '중국 신화'가 다시 등장했다.

1842년 아편 전쟁의 결과로 영국이 청나라와 '난징 조약'을 맺자, 1844년 미국은 청나라와 '왕샤 조약'을 체결했다. 이로써 미국은 중국 5대 항구에서 무역할 권리를 갖게 되었고, 중국으로부터 차, 비단, 향료, 도자기, 예술품 등을 수입하며 중국과의 무역을 확대해갔다.

19세기 후반에 청나라는 유럽 열강의 제국주의 침탈에 와해되기 시작했다. 이때 미국은 '문호 개방 정책Open Door Policy'을 표방하며 위기에 몰린 청나라에 구원군으로 등장했다. 문호 개방 정책은 건국 이후 미국 외교의 원칙인 중립주의에 근거한 자유 무역 원칙으로, 중국이 모든 나라에 문호를 개방하는 대신 외국 국가들은 중국의 주권을 존중해야 한다는 내용을 골자로 한다. 여기에는 뒤늦게 제국주의 경쟁에 뛰어든 미국이 중국에 대한 경제적 이권을 보장받으려는 실리적인 계산두 깔려 있다.

1911년 신해혁명으로 중국의 마지막 왕조인 청나라는 역사의 뒤안길로 사라졌고, 중화민국이 탄생했다. 중국은 이후 장제스의 국민당과 마오쩌둥의 공산당 세력 간의 치열한 내전에 돌입했다. 장제스는 미국의 지원을 받았지만 결국 타이완으로 퇴각했고, 마오쩌둥은 1949년 10월 1일 베이징에서 중화 인민 공화국 설립을

★ 미국의 문호 개방 정책

1899년과 1900년에 미국이 중국과 교역하는 국가들의 동등한 무역 및 투자 특권을 보호하고 중국의 영토 보전을 보장하기 위해 발표한 일련의 원칙이다.

선포했다. 중국의 공산화는 미국에 충격을 안겼고, 미국은 새로운 중국과의 외교를 단절했다.

패권 경쟁의 씨앗이 된
미국의 대중 포용 정책

1972년 미중 관계에 새로운 역사가 펼쳐졌다. 리처드 닉슨 대통령이 중국을 방문한 것이다. 이 방문은 미중 양국 관계와 세계사의 흐름에서 의미 있는 사건이었다. 서방으로부터 고립되어 있던 중국이 국제 사회의 일원이 되고, 미중 간 관계 정상화의 시작을 알리는 신호탄이었기 때문이다. 미국은 중국과의 관계를 통해 냉전 시기 소련의 영향력을 견제하면서 좀 더 안정적인 국제 환경을 조성하고 강대국 간의 긴장을 완화하고자 했다. 미중 관계의 훈풍으로 1979년 양국의 외교 관계가 공식적으로 복원되었다.

1986년 중국은 WTO의 전신인 관세 및 무역에 관한 일반 협정GATT에 가입했고, 2001년 WTO까지 가입하는 데 성공했다. 가입 협정의 일환으로 중국은 수입품에 대한 관세 인하, 지식 재산권 보호 강화, 법률 및 규제 체계의 투명성 강화 등 일련의 경제 개혁을 이행하기로 합의했다. 중국의 WTO 가입에 주도적인 역할을 한 나라는 미국이었다. 빌 클린턴 대통령은 중국을 세계 경제에 통합하면 미국 경제에 도움이 될 뿐만 아니라 중국 내 개혁과 발전을 촉진할 것이라고 믿었다. 미국은 서구식 자본주의를 통해 중국이 공산주의에서 벗어나 진정한 민주주의 국가로 거듭날 것이라고 기대했다.

중국의 WTO 가입으로 미중 간 무역이 급증했다. 미국의 중국 상품 수입액은 기하급수적으로 증가했고, 중국은 세계 여러 국가에 공급하는 부품과 재료를 통합하여 다양한 상품을 제조하는 허브이자 수출국으로 급부상했다.

미국 안보를 위협하는 '차이나 쇼크'

미중 간 교역은 양국에 다양한 혜택을 가져왔다. 중국과의 무역은 미국 소비자 물가를 인하시켰다. 그 덕분에 미국 소비자들은 전자 제품부터 의류에 이르기까지 다양한 제품을 저렴하게 구입할 수 있었고 생활 수준이 향상되었다. 미국 기업들도 방대한 중국 시장에 상품과 서비스를 수출함으로써 새로운 수익원을 확보하고 고객 기반을 확대했다.

미중 무역 규모가 늘어나자 미국 내에서 우려의 목소리가 커지기 시작했다. 그들은 대중국 무역의 폭발적인 증가를 '차이나 쇼크'로 부르며 미국 경제에 미칠 파장에 주목했다. 특히 중국의 저임금 노동력으로 생산한 상품이 가격 경쟁력에서 우위를 차지함으로써 미국의 전통적인 제조업을 쇠락시킨다고 우려했다. 또한 민감한 미국 기술을 획득하려는 중국의 노력과 지식 재산[IP] 도용, 강제 기술 이전 등은 잠재적으로 미국의 국가 안보를 위험에 빠뜨릴 것이라고 걱정했다.

이에 버락 오바마 행정부는 2009년 중국산 타이어에 높은 관세를 부과하는 것을 시작으로 미국 기업의 중국 투자에 대한 조사를 강화했다. 국가 안보를 이유로 미국 기업의 중국 진출과 중국 기업의 미국 진출을 견제하거나 금지했다. 2017년 트럼프 행정부가 들어서면서 미국은 노골적으로 중국 무역 견제 정책을 폈다. 트럼프는 환태평양 경제 동반자 협정[TPP]에서 탈퇴하고 수천억 달러 상당의 중국산 제품에 관세를 부과하고 중국을 환율 조작국으로 지정하기까지 했다.

바이든 대통령 역시 대중국 관세 정책을 포함해서 트럼프 정권이 펼친 대중국 견제 정책을 지속했다. 중국 서북부 신장 자치구의 주요 민족인 위구르와 홍콩인들의 인권을 침해하는 중국인들에게 경제 제재를 가했고, 중국의 첨단 기술 획득 능력을 제한하는 전례 없는 수출 통제안을 도입했다. 또한 중국의 군사력 증

> **★ 환태평양 경제 동반자 협정(Trans-Pacific Partership, TPP)**
>
> 아시아, 태평양 지역의 12개국이 상품과 서비스의 관세 및 비관세 장벽을 낮추어 자유 무역을 확대하기 위해 맺은 다자간 자유 무역 협정. 상품 외에 전자상거래, 지식재산권, 투자, 환경, 노동 등 광범위한 분야를 아우른다. 2017년 미국이 자국 우선주의를 내세우며 탈퇴함에 따라 무산되었다.

강에 사용될 수 있는 민감한 기술에 대한 미국인의 투자를 금지했다.

트럼프 2기 출범 이후 미국은 중국을 겨냥한 한층 강경한 무역 정책을 추진하고 있다. 트럼프 대통령은 전 세계 모든 수입품에 일괄 10% 관세를 부과하고, 중국산 제품에는 60%가 넘는 고율 관세를 적용하는 방안을 제시하며 미·중 경제 관계의 전면적인 재편을 시도하고 있다.

미중 간의 무역 분쟁은 쉽게 해결될 기미가 보이지 않는다. 이것은 단순히 경제적 이해관계에 국한된 것이 아니기 때문이다. 국가 간의 분쟁에서는 국민들의 감정과 정서적 배경이 중요하다. 미국은 중국을 서구 자본주의 체제에 편입시켜서 중국이 진정한 민주주의 국가로 변화하기를 기대했다. 하지만 중국의 정치 체제가 정반대의 방향으로 가자, 중국에 대한 초기의 낙관론은 사라지고 비관론이 대세가 되었다. 경제 대국으로 급성장한 중국이 미국의 국가 안보는 물론이고 세계 민주주의를 위협할 것이라는 비관론이 확산되는 것이다. 게다가 팬데믹의 영향으로 미국 내에서 중국 혐오감이 급상승하면서 반중국 민족주의가 고개를 내밀고 있다. 이러한 미국 내 분위기에서 반중국 무역 정책 기류는 쉽게 꺾이지 않고 있다.

미국이 전통적인 자유 무역주의 원칙과 상호 호혜적인 원칙에 따라 중국과의 무역 분쟁을 원만하게 해결하느냐, 아니면 미국의 안보와 미국 주도의 세계 질서를 지키기 위해서 그 원칙을 잠시

유보하느냐 문제는 미국과 중국 양국뿐만 아니라 세계 모든 국가
에 첨예한 관심거리가 될 수밖에 없다.

1 중국의 WTO(세계무역기구) 가입을 적극 도운 미국 대통령은 누구
인가요?

2 '차이나 쇼크'란 무엇인가요?

3 WTO는 어떤 일을 하는 국제기구인지 찾아보세요. **(국제기구)**

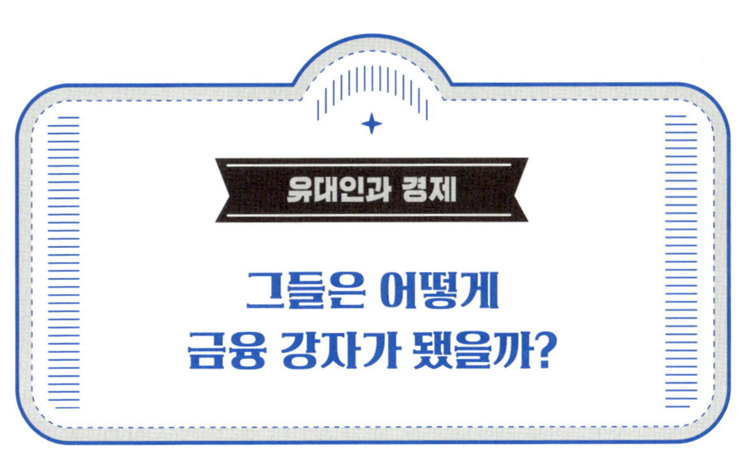

1901년부터 2016년까지 197명의 유대인이 노벨상을 수상했다. 전 세계 인구의 0.2%도 안 되는 유대인이 노벨상 전체 수상자의 22%, 미국 전체 수상자의 36%를 차지했다. 수상 분야도 물리, 화학, 의학, 문학, 경제학 등 다양하다. 현재 이스라엘 다음으로 유대인이 많은 국가가 미국이고, 뉴욕에만 150만 명이 거주한다. 이는 이스라엘의 국제법적 수도인 텔아비브보다 3배 이상인 수치로, 뉴욕은 세계 유대인의 실질적인 수도라고 할 수 있다.

19세기 후반에 '이민의 홍수'가 미국에 밀어닥쳤는데, 이때 유대인들도 포함되었다. 1880년부터 1920년까지 무려 300만 명의 유대인이 미국으로 건너왔고, 이들 대부분이 뉴욕에 정착했다.

1940년 통계를 보면 뉴욕시 전체 인구의 24%가 유대인이었고, 14%가 뉴욕시 중심부인 맨해튼에 거주했다. 유대인들은 빠른 속도로 미국 사회 전반에서 두각을 나타내기 시작했고, 영향력이 커져갔다.

유대인의 영향력이 커질수록 '유대인 음모론'도 부풀려진다. 유대인 음모론이란 유대인 개인이나 단체가 자신들의 이익을 위해 미국 사회의 다양한 측면을 통제하거나 조작하기 위해 비밀리에 협력한다는 소문이다. 그 음모론이 특히 강하게 나타나는 영역이 경제이다. 유대인이 미국의 경제를 장악해서 세계 경제를 좌지우지한다는 것이다. 유대인 음모론은 사실일까? 사실이라면 유대인들은 어떻게 미국의 경제를 수중에 넣었을까? 사실이 아니라면 유대인 음모론은 왜 유포되고 확산될까?

금융업으로 성공한 유대인 기업가들

1492년 10월 12일, 크리스토퍼 콜럼버스가 신대륙에 도착했다. 지금의 미국이 시작된 시점이기에, 미국은 매년 10월 둘째 월요일을 '콜럼버스의 날'로 지정해서 국가 휴일로 지낸다. 그런데 콜럼버스의 항해선에 탑승해서 아메리카에 도착한 사람들 중에는 유대인들이 포함되어 있었다.

기원후 70년 로마 제국에 의해 예루살렘에서 추방된 유대인들은 지중해와 유럽 전역으로 흩어졌다. 유대인 디아스포라로 유럽 곳곳에 유대인 공동체가 구축되었다. 나라 없는 설움과 박해 속에서 유대인들은 일찍부터 무역과 통상에 종사했다. 유대인 상당수는 동서양을 잇는 해상 무역에 종사했고, 항해와 관련된 지식과 기술에 능했다. 콜럼버스가 유대인을 항해에 동참시킨 이유는 바로 그러한 유대인의 지식과 기능이 필요했기 때문이다.

17세기 초반, 지금의 뉴욕에 네덜란드인들이 정착할 때도 23명의 유대인이 포함되었다. 그들은 지금의 맨해튼 남부에 위치한 네덜란드의 마을, 뉴암스테르담에 거주하며 통상과 무역, 금융업에 종사했다. 그리고 그곳을 원주민들과 다른 유럽인들로부터 보호하기 위해 나무로 된 담wall을 세웠다. 그곳이 지금의 월 가이다. 1664년 영국이 전쟁으로 그 지역을 빼앗아 마을 이름을 뉴욕으로 바꿨지만 유대인들은 계속 그곳에 거주했다. 1730년에는 맨해튼 남부에 최초의 유대인 성전이 들어섰다. 보스턴 차 사건이 발발할 당시 뉴욕에는 242명의 유대인이 살았고, 상당수는 독립 전쟁에도 참전했다. 독립 후 1792년 뉴욕에서 24명의 주식 거래

자들이 뉴욕 증권 거래소를 설립했다. 그중 5명이 유대인이었다.

1820년대에 유럽 유대인들이 본격적으로 미국으로 건너오기 시작했나. 그들 대부분은 독일에서 왔다. 이들은 개혁 유대인으로서 유대교의 정통 교리를 따르지 않고 종교적 자유와 경제적, 사회적 야망을 추구했다. 이들 '계몽된 세속 유대인'들의 이민으로 1850년까지 미국에는 약 1만 7,000명의 유대인이 거주했다. 이들 중에 금융업으로 성공한 자들이 나타났다. 그 대표적인 예가 골드만 삭스의 설립자인 마커스 골드만, 리먼 브라더스의 설립자인 헨리 리먼, 이매뉴얼 리먼, 메이어 리먼 형제, 쿤 로브 은행의 설립자인 에이브러햄 쿤과 솔로몬 로브, 셀리그먼 투자 은행을 설립한 셀리그먼 형제, 1867년 월가에 첫 증권사를 공동 설립한 제이컵 시프 등이다. 게다가 18세기부터 영국과 프랑스를 중심으로 유럽에서 '은행 왕조'를 구축한 로스차일드 가문도 미국 금융 시장에서 영향력을 행사했다.

유럽의 유대인들이 미국행을 택한 이유

이처럼 금융업으로 성공한 유대인들도 있었지만, 미국 내 독일계 유대인은 제조업, 소매업, 의류 산업, 예술, 문학, 음악, 학계 등 다양한 분야에서 두각을 나타냈다.

　19세기 후반부터 폴란드, 헝가리, 러시아, 우크라이나, 루마니아 등 유럽의 동부에서 유대인들이 대거 미국으로 건너왔다. 현재 미국 유대인들의 조상이라고 할 수 있는 이들이 미국행 이민 선박에 승선한 이유는 당시 기승을 부리던 반유대주의 때문이었다. 특히 200년에 걸친 러시아 차르의 박해를 비롯해서 유대인에 대한 정치적, 사회적, 경제적 핍박으로 유대인들의 삶은 피폐해졌다. 가난은 극심했고, 유대인 공동체 내에서는 세속적 계몽주의와 마르크스주의, 사회주의 등 이데올로기의 유혹으로 종교적 결집력까지 와해되기 시작했다. 그들은 가난과 핍박, 내부의 혼란을 벗어나, 새로운 삶을 찾기 위해 미국행 선박에 몸을 실었다.

　이 지치고 가난한 유대인들은 대부분 뉴욕 맨해튼 남동부의 유대인 밀집 지역에 거주했다. 이민의 홍수에 합류한 아일랜드인, 이탈리아인, 러시아인, 폴란드인, 헝가리인 등과 마찬가지로 유대인들은 뉴욕의 슬럼가에서 '아메리칸드림'을 꿈꾸며 험난한 여정을 시작했다. 맨해튼 남부의 슬럼가는 이탈리아인과 아일랜드인 등 가난한 이민자들의 처절한 생존 경쟁의 각축장이었고, 폭력과 살인이 난무하는 마피아의 온상이었다. 유대인들도 예외는 아니었다. 유대인 마피아들도 만만치 않게 활개를 쳤다.

　그러나 유대인 이민자들은 미국 사회에 빠르게 적응해갔다. 이들은 이전의 독일계 유대인들이 그랬듯이 소상공인으로서 성공했고, 높은 교육열로 사회 각 분야에서 두각을 나타냈다. 이들이 다른 유럽 이민자들에 비해 단시간에 성공하기는 했지만, 여느 민족들과 마찬가지로 아메리칸드림을 꿈꾸며 하루하루를 살아가야 했다. 이들 '보통' 유대인들은 이미 금융의 큰 손으로 자리를 잡은 소수의 '특별한' 유대인들과는 거리가 멀었다.

교회는 왜 유대인에게 대부업을 허용했나?

유대인 음모론은 유대인 디아스포라 시작부터 유럽에서 만연했다. 로마 가톨릭교회는 유대인을 악마화했다. 교회는 유대인이 직업을 갖거나 상공업 동업자 조직인 길드에 가입하는 것을 금했으며, 토지를 소유하거나 기독교인과 결혼하는 것을 금지했다. 그런데 유대인이 대부업자로 활동하는 것은 허용했다.

당시 교회는 기독교인이 다른 기독교인에게 이자를 받고 돈을 빌려주는 것을 반기독교적인 행위로 여겨 금지하고 유대인에게만 대부업을 허용했다. 그래서 유대인 대부업자들은 귀족과 왕족의 자금줄이 되었다. 귀족과 왕족은 돈이 필요하면 유대인의 도움을 받았다. 그러다 빚이 늘거나 경제적 상황이 나빠지고, 사회적 혼란이 발생하면, 그것이 '돈놀이'하는 탐욕스럽고 저속한 유대인 때문이라며 그 책임을 유대인에게 돌렸다. 이것이 반유대주의의 근본적인 배경이었다.

특히 대규모 경제 불황과 사회적 혼란이 닥칠 때마다 유대인 음모론이 기승을 부렸다. 결국 이 음모론이 제1차 세계 대전 이후 전 세계를 재앙으로 몰고 갔다. 전후 독일 사회는 혼란에 빠졌고, 히틀러와 나치당은 유대인 음모론을 이용해서 정권을 잡았다. 미국 내에서도 정치 및 경제계 인사 중에서 히틀러의 주장에 동조하는 사람들이 많았다. 수많은 유대인은 신변에 불안을 느낀 나머지 이름과 성을 바꿨다. 1942년 한 해 동안 법원에 개명을 신청한 뉴욕 시민 중 66%가 유대인이었다. 유대인 못지않게 차별의 대상이었던 슬라브계나 이탈리아계가 개명 소송을 한 비율은 10% 안팎이었으니, 유대인들의 상대적 불안감을 상상할 수 있다.

오랜 디아스포라의 설움 속에서 유대인들이 그나마 믿고 의지할 수 있었던 것은 기독교도들이 경멸한 고리대금업 등으로 축적한 부였다. 유대인들이 믿을 수 있는 것은 금과 보석같이 변하지 않는 재물을 확보하는 것이었다. 그들만의 오랜 생존과 성공에 대한 본능이 미국에서도 되살아난 것이다.

유대인 음모론의
실체

유대인들은 그동안 유럽에서 경험한 것과는 다른 상황을 미국에서 접하게 되었다. 미국 내 반유대주의는 유럽에 비해 미약했다. 미국에서는 금융뿐만 아니라 모든 영역에서 유대인들이 마음껏

재능과 능력을 발휘할 수 있었다. 그래서 금융 외에도 여러 분야에서 두각을 나타낼 수 있었고, 지금까지 의학, 자연과학, 경제학, 인문학 등 다양한 분야에서 노벨상을 수상한 것이다.

유대인들은 항상 그랬듯이 각자 자신과 가족의 안전과 번영을 위해 오랜 경험으로 축적된 노하우를 바탕으로 금융업에서 뛰어난 능력을 발휘했다. 오랜 디아스포라의 경험으로 유대인들은 국가와 정부에 대한 신뢰가 약하다. 미국도 예외가 아니다. 그들은 각자가 국가를 초월해서 세계를 대상으로 경제적으로 성공하려고 한다.

유대인의 경쟁자는 다른 유대인인 경우도 많다. 예컨대 세계 헤지펀드의 대부 조지 소로스는 다른 유대인 투자자들과 경쟁해야 한다. 유대인들은 국제 금융 시장의 치열한 경쟁에서 살아남고 성공하기를 바라지, 전체 유대인 공동체의 이익을 위해 비밀스럽게 담합하며 미국이나 세계 금융 시장을 조정하지 않는다. 최초의 유대인이 지금의 미국에 정착한 이래 350년 동안 미국 유대인은 아메리칸드림의 주요 상징이 되었고, 국가를 초월한 글로벌 엘리트가 되었다. 유대인 음모론은 아메리칸드림에 실패한 사람들이나 반유대주의에 기대어서 특정한 사람들만의 아메리칸드림을 도모하는 자들의 마녀사냥일 뿐이다.

1 유대인은 무엇 때문에 미국 땅으로 떠나왔나요?

2 교회가 기독교인에게는 대부업을 금지하면서 유대인에게는 허용한
이유는 무엇이었나요?

3 '디아스포라'란 무엇인지 찾아보세요. (세계사)

Part 03

50개 주, 이 넓은 땅을
어떻게 다 차지한 거야?

동부에서 서부로,
놀라운 속도로 커진 나라

동부 대서양 해안의 13개 주에서 출발한 미국은 순식간에 미시시피강까지 팽창했고, 1803년 북아메리카 중부의 거대한 루이지애나 영토를 매입했다. 이는 본격적인 대륙 팽창의 서곡이었다. 1819년 플로리다 매입에 이어 1836년 텍사스까지 미국의 영향권에 들었다.

멕시코와의 전쟁을 통해 독립을 쟁취한 텍사스 공화국은 이후 10년 동안 독립국으로 남았지만, 사실상 거주민 대다수가 미국인이어서 미국의 영토나 마찬가지였다. 1845년 결국 텍사스는 공식적으로 미국의 영토로 합병되었다. 다음 해 미국은 텍사스 국경선 문제를 빌미로 멕시코와 전쟁을 벌였고, 그 결과 지금의 미국 남서부 영토 대부분을 획득했다. 멕시코와의 전쟁 직전에는 영국과 오리건 영토 분쟁을 타결해서 지금의 워싱턴주, 오리건수, 아이다 호주, 와이오밍주, 몬테나주를 차지했다. 1867년 미국은 알래스카를 러시아로부터 매입했고, 1898년 하와이를 합병했다.

적어도 19세기 미국의 역사는 서부 팽창의 역사라고 해도 과언이 아니다. 면적으로 보나 속도로 보나 서부 팽창은 경이로움 그 자체였다. 1815년부터 1848년까지 30여 년만 보더라도 미국 서부 팽창과 그에 따른 인구의 증가는 세계 어느 국가, 어느 시점에서도 그 유례를 찾아볼 수 없는 폭발적인 팽창이었다. 그 기간, 미국의 인구는 840만에서 무려 2,200만 명으로 불어나 거의 3배가 되었다. 새로운 영토가 된 서부의 인구만 해도 400만 명에 이르렀다. 미국은 어떤 이유로, 어떤 과정을 통해 영토를 서부로 급속히 팽창하게 되었을까? 서부 팽창을 촉발한 주요 계기와 그러한 팽창을 부추긴 사상적 배경은 무엇이었을까?

서부 팽창의 계기가 된 루이지애나 매입

1803년 루이지애나 매입은 미국 팽창 역사의 이정표와도 같은 사건이었다. 제3대 대통령 토머스 제퍼슨은 나폴레옹의 통치하에 있던 프랑스로부터 루이지애나 영토를 매입했다. 지금의 아칸소,

영국으로부터 독립한 1783년부터 1917년까지 미국의 영토 확장

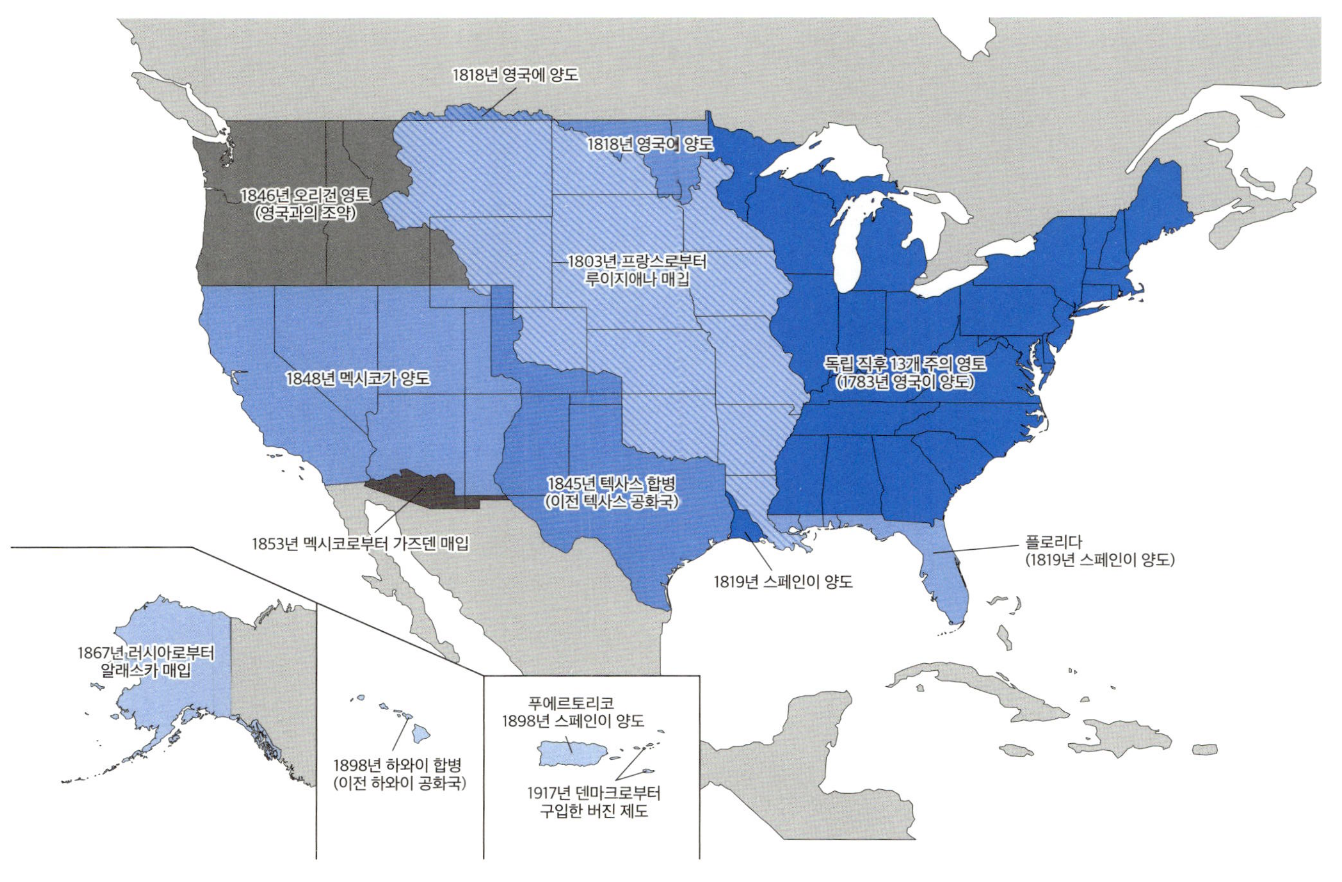

미주리, 아이오와, 오클라호마, 캔자스, 네브래스카, 미네소타, 노스다코타, 사우스다코타가 포함되며, 뉴멕시코, 텍사스, 몬태나, 와이오밍, 콜로라도의 일부가 포함된 엄청난 땅이 미국의 영토가 된 순간이었다. 미국이 프랑스에 지불한 금액은 불과 1,500만 달러였다. 지금의 원화 시세로 환산하면 약 6,000억 원이다.

사실 제퍼슨 대통령은 뉴올리언스에서 통상을 하던 미국인들의 안전을 위해서 뉴올리언스만을 매입하려고 프랑스에 타진했다. 그런데 나폴레옹이 루이지애나 영토 전체를 팔 생각이 있다는 것을 알아채고, 적극적으로 루이지애나 매입을 추진했다. 당시 프랑스는 프랑스 혁명 이후 여러 복잡한 국내외 상황에서 루이지애나 식민지를 제대로 건사할 여력이 없었다. 무엇보다도 영국과의 세기적인 전쟁을 앞두고 나폴레옹은 돈이 필요했다.

미국 의회는 루이지애나 매입에 비판적이었다. 제퍼슨 대통령을 탄핵까지 할 기세였다. 대통령이 미시시피강 서쪽에 위치한 광활한 땅을 매입하는 것은 헌법에 규정된 대통령의 역할과 권한을 넘어선 것이라고 판단했기 때문이다. 하지만 제퍼슨은 기어이 매입을 성사시켰다. 그리고 곧바로 미국의 탐험가 메리웨더 루이스와 윌리엄 클라크에게 서부 탐사를 명령했다. 루이스와 클라크 탐사대는 2년 동안 서부 탐사를 진행했고, 이는 훗날 미국인들이 미시시피강에서 지금의 캘리포니아를 포함한 서부 해안으로 진출하는 데 주요한 토대를 제공했다.

당시 대다수의 미국인은 미국의 자연적인 국경을 미시시피강으로 보았고, 그 강 서쪽 너머는 미국 운명의 밖이라고 여겼다. 그 강 동쪽만 해도 미국의 영토는 충분하다고 보았고, 아직 개척민들의 손길이 닿지 못한 곳이 널려 있었다. 하지만 제퍼슨 대통령은 기회가 왔을 때 미시시피강 서쪽까지 팽창해야 한다고 믿었고, 반대를 무릅쓰고 루이지애나 영토를 매입한 것이다. 이것이 미국 서부 팽창의 결정적인 계기가 되었다.

현재의 영토를 완성시킨 멕시코 전쟁과 골드러시

1848년 미국 팽창에 또 다른 이정표와도 같은 계기가 찾아왔다. 2년간에 걸친 메시코와의 전쟁에서 **승리한 후**, 미국은 멕시고에 1,500만 달러(현재 가치로 약 8,800억 원)를 주고 지금의 남서부 영토 대부분을 매입했다. 캘리포니아, 네바다, 유타, 애리조나와 뉴멕시코의 대부분, 콜로라도, 텍사스, 오클라호마, 캔자스, 와이오밍의 일부 영토가 여기에 해당된다.

　전쟁에 패한 멕시코는 미국의 압력에 굴복해서 그 영토를 팔 수밖에 없었다. 1853년에 미국은 1,000만 달러(약 5,500억 원)를 주고 애리조나와 뉴멕시코의 나머지 부분까지 멕시코로부터 매입했다. 그 지역을 통과하는 대륙 간 철도 건설을 위해 그 땅이 필요했던 것이다. 북서부의 오리건 영토는 오랫동안 미국과 영국이 공동으로 관리했는데, 멕시코와의 전쟁이 발발하기 직전에 양국은 협상을 통해서 영토를 양분했다. 지금의 워싱턴주, 오리건주, 아이다호수, 와이오닝주, 몬태나주는 미국의 영토가 되고, 그 북쪽에 위치한 지금의 밴쿠버 지역은 영국의 영토가 되었다.

멕시코와의 전쟁으로 알래스카와 하와이를 제외한 지금의 미국 영토가 확정되었다. 하지만 대부분의 미국인에게 태평양 연안은 요원한 땅이었다. 루이지애나 영토에도 아직 사람들이 많이 정착하지 못하고 있었고, 캘리포니아로 가는 길목에는 모하비 사막과 같은 메마르고 척박한 불모지가 가로막고 있어서 서부 연안으로 가기가 쉽지 않았다.

그런데 1848년 1월, 멕시코와의 전쟁이 끝나갈 시점에 캘리포니아에서 금광이 발견되었다. 이 느닷없는 횡재로 미국의 역사가 바뀌었다. 거친 카우보이들과 무법자들의 땅, 그 헐거운 서부의 황야가 순식간에 금에 미친 사람들로 메워졌다. 골드러시는 미국인들의 이주뿐만 아니라 전 세계에서 강력한 이민의 홍수를 몰고 왔다. 사람이 살기에 부적합하다고 생각했던 미국의 서부는 새로운 아메리칸드림을 찾는 사람들로 북적거렸다.

★ 멕시코 전쟁

1846년부터 1848년까지 영토 분쟁으로 야기된 미국과 멕시코 간의 전쟁. 이 전쟁으로 미국은 캘리포니아, 네바다, 유타 등 현재 미국 남서부의 대부분 지역을 획득하게 되었다.

서부 개척의 진짜 원동력,
신분 상승과 물질을 향한 욕망

미국 역사는 시작부터 서부 개척의 역사라고 해도 과언이 아니다. 유럽에서는 땅이 신분과 계급의 척도였다. 보통 사람들은 땅을 소유할 기회가 거의 없었으므로 땅을 매입해서 신분 상승을 꾀하기란 어려웠다. 그런데 아메리카 신대륙에선 그 가능성이 무한대로 열려 있었다. 서부 개척의 원동력은 땅을 통한 신분 상승의 욕구였다. 만약 땅에 대한 욕망을 합리화하고 부추기는 어떤 정신적 가치가 주어진다면, 서부 개척은 더욱 탄력을 받게 될 것이었다. 그 정신적 동력이 1840년대 텍사스와 오리건 영토 분쟁 그리고 멕시코와의 전쟁 시기에 등장했다. 그것이 '명백한 운명^{Manifest Destiny}'이다.

1845년 뉴욕의 신문 편집인 존 오설리번은 미국이 텍사스와 오리건 영토를 포함해서 아메리카 대륙으로 팽창하는 것이 민주주의와 기독교적 가치를 미개한 지역에 소개하는 미국의 사명이며, 이것이 하느님이 미국인에게 부여한 '명백한 운명'이라고 주장했다. 때론 역사에서 어느 특정한 슬로건이 그 시대의 기류를 생성하고 문명을 주도한다. 이때 미국에서 그랬다. 순식간에 미국인들은 미국 팽창을 그들의 명백한 운명으로 받아들였다. 텍사스가 미국에 합병되었고, 멕시코와의 전쟁은 운명이 되었다. 오랫동안 영국과 공동으로 관리하던 오리건 영토 전부를 전쟁을 불사하고라도 미국이 차지해야 한다고 아우성쳤다. 이런 광적인 열기 속에서 멕시코와의 전쟁으로 지금의 미국 남서부 영토가 확정되었고, 영국과의 타협으로 북서부 영토를 확정 지었다. 이후에도 '명백한 운명'은 미국의 영토 팽창이나 대외 정책의 주요한 사상적 신념이 되었다.

그런데 과연 얼마나 많은 미국인이 민주주의 가치의 확장을 위해서 서부로 가는 역마차를 탔을까? 사실상 미국인들이 캘리포니아와 인접 서부 지역으로 몰려간 결정적인 계기는 캘리포니아에서 금이 발견된 것이었다. 많은 사람이 골드러시에 합류해서 서부로 간 것은 물질적인 욕망 때문이었지, 민주주의의 확장과는 거리가 멀었다. 정확하게 얘기하면, 민주주의를 위해 그곳으로 간 것이 아니라, 그곳에 정착하는 과정에서 민주주의가 실현된 것이다.

하와이 병합도 미국의 '명백한 운명'이었을까?

그렇다면 '명백한 운명'은 미국 문명의 명백한 자기 합리화이자 위선으로 치부해야 할까? 19세기 미국의 대륙 팽창이나 그 이후의 해외 팽창에서 '명백한 운명'이 어느 정도 역할을 했는지를 분명히 판단하기란 어렵다. 예컨대, 1867년 미국은 러시아로부터 알래스카를 매입했다. 러시아는 남북 전쟁 이전부터 알래스카를 미국에 팔려고 했는데 남북 전쟁으로 주춤하다가 전쟁이 끝나자 다시 매도를 시도했다. 그때 대다수 미국인은 알래스카에 관심이 없었고, 의회 역시 알래스카 매입에 적극적이지 않았다. 의원들은 매입을 주도한 국무 장관 윌리엄 수어드가 아무짝에도 쓸모없는 '얼음덩어리'를 매입하려 한다고 비난했다. 상황이 이렇게 흘러가자, 러시아는 미국에 사절단을 보내 알래스카를 사달라고 미국 의원들에게 로비까지 할 정도였다. 하지만 수어드 장관은 '명백한 운명'의 신봉자였다. 그는 매입을 밀어붙여서 720만 달러(현재 가치로 약 4,700억 원)를 주고 알래스카를 매입했다.

반면에 1898년 미국이 하와이를 병합할 때에는 '명백한 운명'보다는 경제적, 군사적, 정치적 이해관계가 크게 작용했다. 특히 사탕수수 사업을 통해 하와이를 사실상 지배하고 있던 미국인 사업가 샌퍼드 돌의 영향력 때문에 미국은 하와이를 병합할 수 있었다. 이 과정에서 상당수 의원은 하와이 병합이 하와이 주민들의 의사를 고려하지 않은 제국주의적 발상이라고 비판했다. 이들은 '명백한 운명'이 유럽 제국주의 사상과 달라야 한다고 주장했다.

★ **뉴랜드 결의안**

미국 의회가 하와이를 병합하기 위해 통과시킨 공동 결의안. 이 결의안으로 폴리네시아 원주민들이 세운 하와이 왕국(1795~1893)은 미국의 영토가 되었고, 이는 미국의 태평양 진출과 제국주의 확장의 중요한 이정표가 되었다.

그래서 합병 조약은 미국 상원에서 반대에 부딪혀 비준에 필요한 3분의 2를 얻지 못했고, 그 결과 합병 절차는 한동안 답보 상태에 머물러 있었다. 그러자 합병 지지자들은 상하원 공동 결의안을 통해 합병을 추진했고, 1898년 뉴랜드 결의안으로 하와이를 미국 영토로 합병했다. 결국 '명백한 운명'은 미국 제국주의의 다른 이름일 뿐이었다.

생각의 깊이를 더해주는 최소한의 질문들

1 루이지애나 영토를 프랑스로부터 매입한 대통령은 누구인가요?

2 미국의 서부 팽창을 정당화한 사상인 '명백한 운명'을 처음 사용한 사람은 누구인가요?

3 '제국주의'란 무엇인지 찾아보세요. (세계사)

현재 미국에는 연방 정부가 인정하는 아메리칸 원주민 보호 구역
이 320여 곳 있다. 이들 보호 구역은 연방 정부의 보호 아래 원주
민 부족이 관리하는 토지 구역이다. 대체로 보호 구역은 백인들이
거주하는 지역에서 멀리 떨어진 메마르고 척박하며 외딴곳에 있
고, 보호 구역의 85%는 미시시피강 서쪽에 있다. 전체 보호 구역
을 합하면 미국 영토의 2.5%에 해당한다.

가장 규모가 큰 곳은 애리조나, 뉴멕시코, 유타에 있는 나바호
보호 구역으로 42에이커(5만여 평)에 30여만 명이 거주하고 있다.
애리조나에 위치한 보호 구역들은 주 전체 면적의 27%에 이를 정
도로 방대하다. 가장 작은 보호 구역은 캘리포니아 북동부의 피트

강을 따라 거주하는 피트강 보호 구역이다. 1.5에이커(1,800여 평)에 100명이 채 되지 않는 11개의 서로 다른 소규모 부족들이 거주하고 있다.

미국 건국 당시 지금의 미국 영토에는 최대 1,800만 명의 아메리칸 인디언들이 살고 있었던 것으로 추정된다. 2025년 기준으로 미국 내 원주민의 수는 알래스카 원주민까지 포함해서 970만 명으로 집계된다. 미국 전체 인구의 2.9%에 해당된다. 이 중 약 22%가 보호 구역에 거주하고 있다.

미국 서부 팽창의 역사는 원주민들의 피와 눈물로 얼룩져 있다. 미국 헌법은 아메리칸 원주민을 명시적으로 정의하지는 않았지만, 미국 정부는 원주민 부족들을 '국가 내의 국가들'로 규정하며 고유한 자치권을 가진 주권 집단으로 인정했다. 하지만 미국이 서부로 팽창하면서 원주민들과의 마찰이 빈번해지자, 미국 정부는 필요에 따라 갖가지 조약, 법령, 법원 판결을 통해 원주민들의 주권을 유린했다. 미국이 서부 팽창 과정에서 어떠한 원주민 정책을 펼쳤고, 원주민들이 현재 어떤 상황에 처해 있는지를 보는 것은 서부 개척에 가려진 미국 문명의 이면을 들여다보는 창이다.

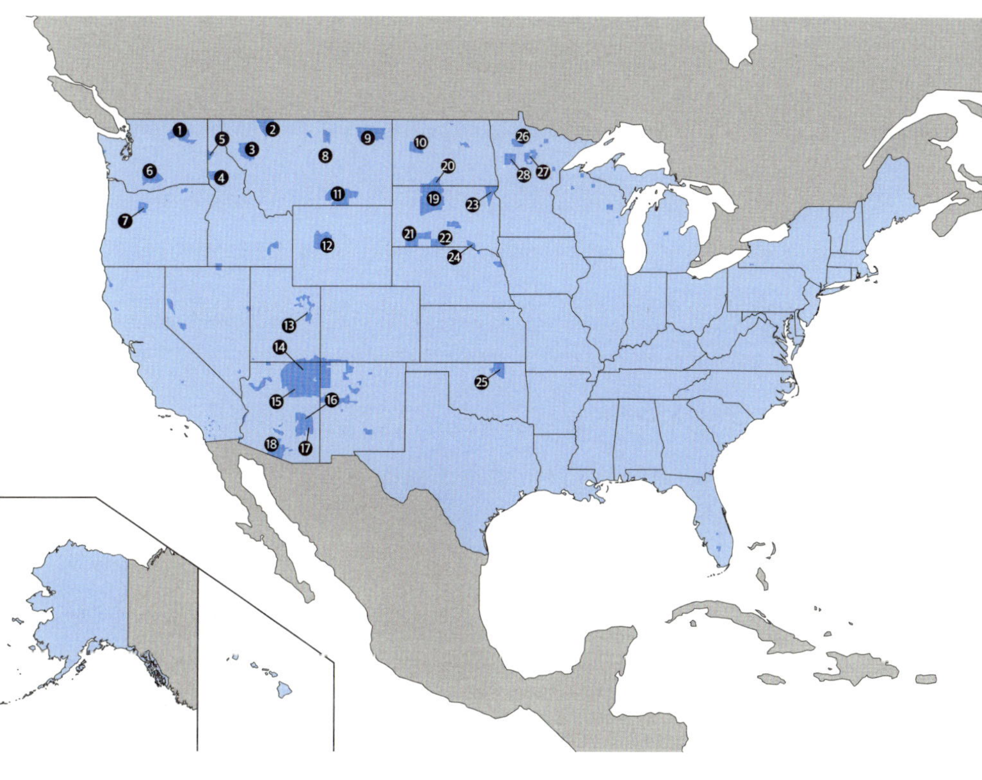

1. 콜빌족
2. 블랙피트족
3. 세일리시족과 쿠테나이족(플랫헤드)
4. 네즈퍼스족
5. 쾨르달렌족
6. 야키마족
7. 웜스프링스족
8. 아시니보인족과 그로반트족(포트벨크냅)
9. 아시니보인족(포트펙)
10. 아리카라족과 히다차족(포트베르톨드)
11. 크로족
12. 쇼쇼니족과 아라파호족(윈드리버)
13. 유트족(유인타와 유레이)
14. 나바호족
15. 호피족
16. 아파치족(포트아파치)
17. 아파치족(샌칼로스)
18. 토호노오오담족(파파고)
19. 수족(샤이엔리버)
20. 수족(스탠딩록)
21. 수족(파인리지)
22. 수족(로즈버드)
23. 수족(레이크트래버스)
24. 샌티수족
25. 오세이지족
26. 치페와족(레드레이크)
27. 치페와족(리치레이크)
28. 치페와족(화이트어스)

※괄호 안은 원주민 보호 구역 지명

미국인 vs 원주민 부족 갈등과 전쟁의 역사

1492년 크리스토퍼 콜럼버스가 아메리카 대륙에 도착했을 당시에 지금의 미국 영토에 해당하는 북아메리카 대륙에는 300개 이상의 원주민 부족들이 살고 있었다. 미국의 모태가 되는 영국의 13개 식민지 지역에만 해도 30개 정도의 원주민 부족이 살고 있었다.

원주민과 초기 미국인들의 관계는 대체로 우호적이었다. 포카혼타스 이야기로 유명한 버지니아의 포와탄 부족과 최초의 추수감사절 손님이었던 매사추세츠의 왐파노아그 부족이 초기 백인 정착인들과 원주민들의 관계를 잘 대변한다.

그렇지만 우호적인 관계는 오래가지 못했다. 동부 해안 지역 정착에 성공하면서 더 많은 유럽인이 좀 더 서쪽으로 진출하기 시작했다. 원주민과의 갈등은 피할 수 없었다. 갈등은 이내 전쟁으로 확대되었고, 백인들의 총과 칼을 당해내지 못한 원주민들은 정착지를 내주고 더 멀리 서부로 이주할 수밖에 없었다. 영국 정부나 식민지 정부는 원주민과의 갈등을 피하기 위해 '경계선'을 정해서 서로가 경계선을 넘지 못하도록 했다. 하지만 백인들의 땅에 대한 욕망 앞에서 그 경계선은 쉽게 무너졌다. 경계선은 자꾸만 더 서쪽으로 옮겨졌다. 그 과정에서 수많은 원주민이 전쟁과 전염병 등으로 목숨을 잃었다.

1830년, 미국 정부는 원주민들을 아예 정부가 지정한 보호 구역으로 이주시키기로 결정했다. 앤드루 잭슨 대통령은 ‘인디언 이주법’을 제정해서 동부 원주민들이 지금의 오클라호마에 위치한 보호 구역으로 이주하도록 했다. 북부에서는 쇼니, 휴런, 오타와, 마이애미, 델라웨어 부족 등이, 남부에서는 체로키, 촉토, 치카소, 크리크, 세미놀 부족 등이 이주 길에 올랐다.

수백 년 살아온 조상의 땅을 버리고 새로운 땅으로 가는 것 자체가 가슴 아픈 일이었지만, 가는 여정에 수많은 사람이 추위와 배고픔으로 고통받았다. 그중 가장 유명한 것이 체로키족의 ‘눈물의 행로Trail of Tears’였다. 노스캐롤라이나, 테네시, 조지아, 앨라배마에 살던 1만 6,000여 명의 체로키족이 조상의 땅을 떠나 보호 구역으로 이주하는 과정에서 4,000명이 추위와 배고픔, 질병으로 목숨을 잃었다. 1,200마일(1,930km)의 길고 힘든 여정 동안 출발했던 사람의 4분의 1이 행로에 묻힌 것이다. 사실상 ‘죽음의 행로’였다.

원주민의 마지막 승리
리틀빅혼 전투

1830년 ‘인디언 이주법’으로 미국 정부는 ‘인디언 문제’에 해법을 찾았다고 보았다. 하지만 미국 서부로의 팽창은 계속되었고, 특히

1848년 캘리포니아 금광 발견에 따른 '골드러시'는 팽창을 가속화시켰다. 기존의 보호 구역은 백인 투기꾼의 먹잇감이 되었지만 연방 정부는 보호 구역을 보호하지 않았다. 서부 곳곳에서 원주민과 개척민, 연방 군대의 크고 작은 전투가 벌어졌다.

1868년 미국 정부는 사우스다코타에서 와이오밍에 걸쳐 있는 블랙힐스에 수Sioux 부족(라코타족)을 위한 보호 구역을 설립했다. 평화와 적대 행위 중단의 대가로 블랙힐스를 수 부족의 영토로 인정하고 백인 정착민들이 이 지역에 들어올 수 없도록 보장한 것이다. 하지만 이 조약은 지켜지지 않았다. 금이 발견되자 미국 투기꾼들이 블랙힐스에 몰려들었다. 땅을 지키려는 원주민들과 금을 캐려는 백인들 간에 크고 작은 전투가 벌어졌고, 결국 미국 정부는 연방군을 투입했다.

1876년 6월 말, 미국 서부 팽창사에서 전설적인 전투가 벌어졌다. 조지 커스터 대령이 이끄는 연방군과 '미친 말Crazy Horse'이 이끈 수 부족 전사들이 리틀빅혼에서 맞붙었다. 연방군은 무려 268명

라코타족 전사이자 영적 지도자 '미친 말'

이 전사했고, 그중에 커스터도 포함되었다. 리틀빅혼 전투는 북아 메리카 대륙에서 원주민들이 거둔 마지막 승리였다. 이 전설적인 마지막 승리에도 불구하고, 원주민들은 더 이상 버티지 못했다. 1890년 12월에는 사우스다코타의 파인리지 보호 구역에 살고 있던 라코타족 250여 명이 운디드니 계곡에서 미군에 의해 학살당했다. 리틀빅혼은 원주민의 자부심이 되었지만, 운디드니는 원주민의 비극적 운명의 상징이 되었다.

'할당과 동화' 정책으로 더욱 파괴된 원주민의 삶

19세기 후반부터 연방 정부는 '할당과 동화' 정책을 통해서 원주민을 미국의 제도 안에 흡수하려는 방향으로 보호 구역 정책을 펼쳤다. 1887년 의회에서 이른바 '도스법'이 제정되었다. 보호 구역의 토지를 원주민들에게 할당해서 그들을 미국 자본주의 제도로 끌어들이고, 아이들을 연방에서 운영하는 기숙 학교에 보내 미국 시민으로 동화시키려는 법이었다. 하지만 이 법으로 보호 구역의 토지가 사유화되자 토지 투기꾼의 협잡과 술수로 원주민 소유의 토지 상당 부분이 백인들에게 넘어갔고, 원주민들은 빈곤과 질병으로 고통받았다. 무엇보다도 미국 사회에 강제 동화되면서, 원주민의 문화, 언어, 사회 구조 등 전통적인 삶의 방식이 파괴되었다.

1934년 프랭클린 루스벨트 대통령은 '인디언 재조직법'을 제정해서 도스법을 종료하고 아메리카 원주민 토지의 추가 판매를 금지하고 일부 토지를 부족에게 반환했다. 그동안 미국 문화에 동화시킨다는 명분으로 원주민의 정체성을 훼손시키며 보호 구역 내 원주민의 삶을 피폐하게 만든 기존의 정책을 폐지하고, 이전의 보호 구역 정책으로 되돌린 것이다.

'인디언 재조직법'으로 원주민들은 보호 구역 내에서 자율적으로 그들의 삶을 살도록 보장받게 되었다. 부족의 자치와 문화 보존을 촉진함으로써 원주민의 문화적 관습, 언어, 전통을 되살리고 강화할 수 있게 되었다. 아이들은 더 이상 기숙 학교로 강제 진학할 필요가 없었고, 보호 구역 내에 설립된 자체 학교에서 그들의 전통과 정체성을 유지하면서 교육받을 수 있게 되었다.

'인디언 재조직법'은 지금까지 원주민 보호 구역을 지탱하는 법적인 토대이자 원칙으로서 원주민들이 자치적이고 자율적으로 보호 구역을 운영하게 만들었다. 하지만 새로운 시스템에 성공적으로 적응한 부족들도 있지만, 부족 내부의 분열과 이전 시스템에 익숙한 부족원들의 저항 때문에 어려움을 겪는 부족들도 많다. 예컨대, 유타주 북동부의 유인타와 오레이 보호 구역에 거주하는 원주민들은 보호 구역에 매장되어 있는 석유, 가스, 광물 등을 활용해서 경제적 자립도가 높다. 반면에, 사우스다코타의 파인리지 보호 구역은 빈곤, 실업, 약물 남용, 건강 문제 등으로 미국 내에서 가장 가난한 보호 구역으로 분류된다.

원주민들의 삶은 보호 구역에 따라 차이가 있지만, 대체로 빈곤과 건강 문제 등이 심각하다. 보호 구역 내 성인 10명 중 4~8명이 실직 상태이고, 취업한 원주민 중 상당수는 낮은 임금을 받고 있어서, 원주민의 약 30%는 연방 빈곤선 아래에 있다.

보호 구역 내의 건강 관리 시설 부족과 빈곤으로 원주민들의 건강 역시 심각한 상태이다. 유아 사망률은 백인보다 60%가 높으며, 당뇨병 사망률은 177%, 결핵 사망률은 무려 500%가 높다. 게다가 원주민 자살률은 약 17%로 미국 내 인종과 민족 중에서 가장 높다.

1988년 인디언 게임 규제법이 제정되어서 원주민들이 보호 구역 내에서 카지노를 운영할 수 있게 되었다. 특정 조건하에서 운영해야 하지만 많은 원주민 부족이 카지노로 경제적 도움을 받고 있다. 하지만 도박에 따르는 여러 사회적 문제를 고려해서 도박을 합법화하지 않는 보호 구역도 많다. 도박을 승인한 보호 구역은 전체의 20%에 불과하다.

대부분의 아메리칸 원주민 보호 구역은 빈곤, 범죄, 질병 등으로 몸살을 앓고 있다. '국가 내의 국가들'이라는 독특한 법적 지위로 미국 문명의 모서리에 애매하게 위치하며 생존을 위해 몸부림쳐온 원주민들은 여전히 진정한 독립과 자립을 위해 힘겨운 투쟁을 계속하고 있다.

1 1830년 '인디언 이주법'을 제정한 대통령은 누구인가요?

2 체로키족의 '눈물의 행로'에서 얼마나 많은 원주민이 목숨을 잃었나요?

3 '보호 구역'이란 무엇이며, 오늘날 원주민들이 겪고 있는 어려움을 정리해보세요. (소수자 인권)

미국 남동부 지역을 흔히 '바이블 벨트'라고 한다. 용어에서 묻어 나듯이 기독교 근본주의에 근거한 보수적인 기독교 신앙이 강한 지역이기 때문이다. 1968년 이후 미국 대법원은 공립 학교에서 창조론을 가르치는 것을 수정 헌법 제1조의 종교 자유와 정교 분리의 원칙에 근거해서 비헌법적인 행위로 규정했다. 하지만 바이블 벨트 학교들은 개의치 않고 창조론 교육을 강행하면서 끊임없이 법적, 윤리적 논쟁거리를 제공한다.

지역의 독자성과 특수성을 드러내고자 하는 것을 지역주의로 정의한다면, 미국에서 가장 지역주의 색채가 강한 곳이 바이블 벨트이다. 종교적, 정치적, 문화적 부분 외에도 남부 사람들의 억양을 보면 남부는 미국에서 가장 지역적 특징이 뚜렷한 지역이다.

미국 영어를 억양에 따라 크게 두 개로 나눈다면 남부 억양과 기타 억양으로 분류할 수 있다. 북동부의 뉴욕이나 보스턴에서 남동부의 찰스턴이나 애틀랜타까지의 지리적 거리는 그리 멀지 않다. 반면, 북동부에서 서부 로스앤젤레스와 시애틀까지의 거리는 멀다. 비행기로도 5~6시간 걸린다. 그런데 북동부에서 서부 해안 지역까지 영어의 억양은 별다른 차이가 없다. 억양에 따라 그 사람의 출신 지역을 구별하기란 쉽지 않은 일이다. 하지만 남부의 억양은 다르다. 억양을 듣고 그 사람이 남부 출신이라는 것을 쉽게 알 수 있다.

억양이 지역의 특징을 대변한다고는 할 수 없지만, 어떤 발음과 억양으로 말하는지로 그 사람이 태어나고 자란 지리적 위치, 사회적 위치, 가치관 등을 추론할 수 있다. 남부 문화의 특징은 어떤 역사적 배경에서 형성되었을까? 남부 문화가 미국 문명 전체에 시사하는 바는 무엇일까?

기독교 신앙이 정치, 경제, 사회, 문화 전반에 걸쳐 지대한 영향을 미치는 미국 남부의 보수적 개신교 문화권. 종교적 전통은 이 지역 주민들에게 강한 정체성과 공동체 의식을 부여하지만, 동시에 다양성에 대한 관용이 부족하고 사회 변화에 둔감하다는 비판도 받는다.

남부만의 독특한 억양이
자리 잡게 된 이유

식민지 시대 미국인들의 억양에는 큰 차이가 없었다. 북동부의 뉴잉글랜드 지역부터 남동부의 조지아에 이르기까지 최초 13개의 식민지에 정착한 초기 이주민 대부분은 영국에서 건너왔기 때문이다. 물론 출신 지역에 따라 약간의 차이는 있었지만, 사실상 영국에서 들을 수 있는 억양과 다르지 않았다. 차이가 큰 지역은 사우스캐롤라이나와 노스캐롤라이나 정도였다. 두 곳에는 초기에 주로 스코틀랜드 장로교도들이 정착했기 때문이다.

시간이 지남에 따라 북부 영어와 남부 영어에 서서히 차이가 나기 시작했다. 북부 영어는 영국뿐만 아니라 아일랜드, 스코틀랜드, 네덜란드, 독일 등 여러 지역에서 온 이주민들에 따라 다양해졌지만, 남부 영어는 상대적으로 큰 변화가 없었다. 하지만 북부의 다양성은 영어가 통일되는 방향으로 발전되었다. 서로 다른 지역에서 온 사람들이 교류하고 정착하면서 차츰 비슷한 억양으로 자리 잡은 것이다.

이러한 교류를 촉진한 것은 산업 혁명이었다. 산업 혁명의 영향으로 북동부는 상공업이 발달했고, 유럽의 이민자들은 일자리가 풍부한 북동부 지역으로 몰렸다. 반면, 여전히 담배와 목화 재배 등의 농업 중심적인 식민지로 남아 있던 남부는 새로운 이민자들이 선호하지 않는 지역이었다. 산업화에 따라 북부는 다양한 사람이 섞이면서 점차 비슷한 억양을 구사하는 영어가 정착하게 되었지만, 농업 중심의 남부는 기존의 전통적인 억양에 큰 변화가 없었다.

뚜렷한 변화 없이 문화의 동질화가 심화되는 과정에서 남부 영어를 특징짓는 결정적인 계기가 생겼다. 바로 아프리카 흑인 노예의 유입이었다. 흑인 노예들의 억양과 리듬이 기존의 남부 억양과 뒤섞이면서 오늘날의 독특한 남부 억양을 형성했다.

남부에서는 백인과 흑인 노예 간에 엄격한 신분 차이가 있었지만 흑인들의 수가 워낙 많아서 언어는 그 영향을 받을 수밖에 없었다. 예를 들어, 남북 전쟁 직전 사우스캐롤라이나의 총 인구는 70만 명이었는데, 그중 40만 명이 흑인이었다. 특히 백인 농장주들이나 농장을 경영하는 백인 지배인들은 수시로 흑인 노예들과 접촉해야 했고, 이 과정에서 남부의 독특한 억양이 생성된 것이다.

노예 제도를 떠받친
남부 고유의 공동체 의식

남부에서 백인들과 흑인들의 언어적 교섭이 사회적, 문화적 교섭으로 이어지지는 않았다. 오히려 노예 제도는 신분 중심적인 계급 사회를 더욱 강화시키고 인종 차별을 심화시켰다. 1807년 연방 의회에서 노예 수입을 금지하자 노예의 몸값은 천정부지로 올라갔다. 면화 생산을 중심으로 농업 집약적인 사회로 정착하고 있던 남부에서 노예를 소유한 사람은 최상위층이 되었다. 10%가 채 되지 않는 남부의 백인 계층이 흑인 노예의 80% 이상을 소유했고, 수십 명의 노예를 거느린 대농장주들은 최고 지배 계층이었다. 이들이 남부의 정치적, 경제적, 사회적, 문화적 환경을 주도했다.

노예를 소유하지 않은 대다수의 남부 백인은 노예를 거느리는 소수의 지배 계층이 주도하는 제도에 반발했을까? 마치 중세 봉건 시대와 같은 계급 사회가 못마땅했을까? 전혀 그렇지 않았다. 대다수 백인은 노예를 소유한 지배 계층 덕분에 노예 제도가 유지되고 있다고 생각해서 그들 엘리트 계층에 절대적인 지지를 보냈다. 만약 노예가 해방되면 직업 전선에서 흑인들과 경쟁해야 하고, 무엇보다도 노예가 지유를 누리는 평등한 존재가 되는 것 자체를 받아들일 수 없었던 것이다.

남부에서는 식민지 시대부터 교회의 위상과 역할이 중요했다. 남부 교육은 주로 사립 학교와 사립 대학교 위주였고, 지배 계층의 자제들을 위한 것이었으므로 보통 사람들이 교육받을 기회는 제한적이었다. 남북 전쟁 직전 사우스캐롤라이나의 경우를 보면, 백인 남성 중에서 절반 정도가 읽고 쓰지 못하는 문맹이었다. 그래서 남부 사회에서 교회의 가르침은 남부 사람들의 생각과 사고를 형성하는 데 매우 중요했다. 남부 교회는 노예 제도를 지지했고, 교회의 가르침은 절대적이었다. 북부 개신교는 노예 해방을 지지했으나, 남부 개신교는 변화가 없었다. 침례교, 감리교, 장로교 등 미국의 개신교는 노예 제도를 놓고 남과 북으로 갈라졌다.

북부에서 노예 해방 운동이 격화되자 남부 사람들은 더욱 뭉쳤고, 자신들은 하나라는 공동체 의식이 강해졌다. 노예를 소유한 지배 계층이나 가난한 백인 계층, 정치 지도자나 언론인, 교회 지도자 할 것 없이 모두가 하나의 문화 공동체라는 자부심을 공유했다.

이는 특히 대통령 선거에서 그대로 드러났는데, 1860년 선거에서 남부 주들은 한 주의 이탈도 없이 노예 제도의 확산을 공약으로 내세운 켄터키주 출신의 존 C. 브레킨리지 후보를 선택했다. 남부 주들은 노예 해방을 공약으로 내세운 링컨이 당선되면 연방에서 탈퇴하겠다고 으름장을 놓았다. 링컨이 당선되자 그 으름장은 실천으로 옮겨졌고, 결국 남북 전쟁이 발발했다.

전후 정치적으로 더욱 '굳건히 하나 된 남부'

4년여 간의 치열한 전쟁 끝에 남부 연합은 패배했다. 남부 문화의 중심이며 남부 백인들의 자부심이었던 노예 제도는 폐지되었다. 남북 전쟁 이후 패배한 남부를 다시 연방으로 복속하기 위해 연방은 군대를 보내 남부 주들을 통치했다. 군정은 1877년까지 계속되었다. 역사 속의 다른 유사한 경험과 비교해볼 때 남북 전쟁 이후의 '재건 정책'은 남부에 그리 혹독하지 않았다. 단 한 명도 전범으로 처형되지 않았으며, 남부 지도자들의 위상에는 사실상 별다른 변화가 없었다.

재건 시기 남부 백인들은 오히려 더 결집했다. 이 시기 남부를 '솔리드 사우스Solid South'라고 한다. 우리말로 '굳건히 하나 된 남부'라는 의미이다. '굳건히 하나 된 남부'는 남북 전쟁과 노예 해방을 비웃기라도 하듯이 사회를 전쟁 이전으로 되돌리려고 했다. 대통령 선거 때마다 남부는 결집해서 남부에 우호적인 민주당 후보에 투표했다. 결집된 남부의 정치적 성향은 재건 시기 이후에도 80여 년이나 변함이 없었다. 1960년대 민권 운동의 결과로 민주당이 친흑인 정책을 펴자 남부 유권자들이 공화당 후보를 선택하면서 선호하는 당만 바뀌었을 뿐, 지금까지도 '굳건히 하나 된 남부'는 흔들림이 없다.

'굳건히 하나 된 남부'에 대한 평가는 역사적으로도 매우 민감하다. 대체로 재건 시기 역사는 윌리엄 더닝이 이끄는 이른바 '더닝학파'가 주도했다. 더닝학파는 남북 전쟁 이후 북부가 펼친 남부 재건 정책에 대해 매우 비판적인 친남부 성향의 역사학자들이

★ **더닝학파**

19세기 말~20세기 초 활동한 인종 차별적 역사관을 가진 역사가 집단. 남북 전쟁과 재건 시기를 남부의 입장에서 해석하며, 연방의 강경한 재건 정책을 비판했다. 1930년대 이후 차세대 역사가들이 등장하면서 점차 설 자리를 잃었다.

다. 이들은 재건 정책을 주도한 북부는 무능하고 부패했으며, 해방된 흑인들은 완전한 시민권을 가질 준비가 되어 있지 않다고 주장했다. 재건 시기를 미국 역사의 암흑기로 묘사하기도 했다. 또한 이들은 남북 전쟁의 근본적인 원인이 헌법에 보장된 주의 권리를 훼손한 북부에 있다고 보며, 남부가 전쟁을 선택할 수밖에 없었다고 합리화했다. 과거사 문제에서 남부는 결코 북부의 요구를 수용할 생각이 없었다.

더닝학파는 20세기 중반까지 미국 역사학을 주도했다. 남북 전쟁 이후 적어도 80년 동안이나 더닝학파가 미국 역사학을 주도했다는 것은 '굳건히 하나 된 남부'가 얼마나 변하기 어려운 의식인지를 잘 보여준다. 역사는 통합의 도구이기도 하지만 분단의 도구가 되곤 한다. 남부의 역사 인식은 그들 자신의 통합에는 공헌했지만 연방의 분단을 지속시켰다. 미국 지역주의는 서로 다른 역사 인식이라는 토대 위에 세워졌다. 그 독특한 역사 인식이 '바이블 벨트'의 정체성을 형성했다.

1 남북 전쟁 이후 결집한 남부를 가리키는 '솔리드 사우스'는 우리말로 무슨 뜻인가요?

2 남부 영어에 독특한 억양이 생긴 결정적 계기는 무엇인가요?

3 '정교 분리'란 무엇인지 찾아보세요. (헌법과 기본권)

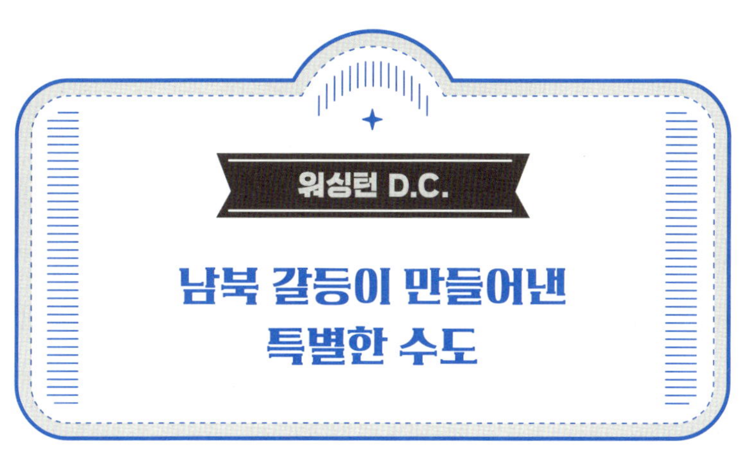

남북 갈등이 만들어낸
특별한 수도

워싱턴 D.C.는 미국의 도시 중에서 유일하게 헌법에 의해 만들어진 도시이다. 미국 헌법은 "특정한 주들의 양도에 의해 10평방 마일의 연방 수도"를 만들도록 규정했다. 여기에 해당하는 '특정한 주들'은 버지니아와 메릴랜드였다. 이 주들로부터 해당 땅을 제공받아 1790년 7월 16일에 수도 건설에 착수했다. 그리고 아메리카 대륙을 탐험한 크리스토퍼 콜럼버스를 기념하기 위해서 콜럼버스의 여성형 명사인 컬럼비아를 따고, 초대 대통령 조지 워싱턴의 이름을 따 워싱턴 D.C.District of Columbia, 즉 '워싱턴의 컬럼비아 특별구'라는 공식 명칭을 붙였다.

독립 전쟁 기간에는 필라델피아가, 헌법 제정 당시에는 뉴욕이 미국의 수도였다. 왜 뉴욕이나 필라델피아를 수도로 정하지 않고, 특정한 주들에 양도받아 새로운 수도를 건설했을까?

미합중국은 13개의 서로 다른 주가 하나로 합쳐진 연방체였다. 그런데 연방 구성을 위해 헌법을 제정하는 과정에서 노예 제도를 유지하려는 남부와 그것을 폐지하려는 북부 주들의 갈등이 만만치 않았다. 그래서 '건국의 아버지들'은 기존의 주나 도시에 포함되지 않는 남과 북의 중간 지점에 특별 지구를 건설해서 그곳을 연방 수도로 정했던 것이다.

초대 대통령 워싱턴은 워싱턴 D.C. 건설에 남다른 애정을 갖고 부지 선정부터 공사 전반을 꼼꼼히 챙기고 진두지휘했다. 그래서 워싱턴 D.C.의 랜드마크는 워싱턴 기념탑이다. 워싱턴 대통령이 손발을 걷어붙이고 이 도시를 조성했기 때문이다. 초대 대통령 워싱턴을 비롯해서 '건국의 아버지들'은 필요에 의해 특별히 조성한 워싱턴 D.C.가 훗날 세계를 호령하는 미국의 수도로 성장할 것을 상상이나 했을까? 워싱턴 D.C.의 역사는 미국 역사의 축소판이라고 할 수 있다. 남과 북의 중간 지역에 위치해서 어느 쪽에도 치우치지 않는 작고 상징적인 수도, 워싱턴 D.C.는 어떻게 지금의 도시로 성장했을까?

워싱턴 D.C.를 발전시킨
세 개의 전쟁

미국의 수도이긴 하지만 워싱턴 D.C.는 남과 북의 완충 지대라는 정치적 목적에 의해 조성되었기 때문에 일반인에겐 별로 매력적인 도시가 아니었다. 그래서 한동안 도시는 성장하지 않았다. 백악관이 완성된 1800년에 워싱턴 D.C.의 인구는 고작 1만 4,000명 정도였다. 1812년 영국과 전쟁 중일 때는 오히려 8,000명대로 줄었다. 이후 꾸준히 성장했지만, 워싱턴 D.C.가 도시답게 커진 계기는 남북 전쟁이었다.

남과 북의 경계에 위치한 데다 연방의 수도라는 상징성 때문에 링컨 대통령은 워싱턴 D.C.를 지켜내고, 남부를 향한 총공세의 거점으로 활용해야 했다. 그래서 링컨은 워싱턴 D.C.와 인근 지역 개발에 총력을 기울였다. 이에 따라 군수 물자와 관련된 수많은 창고와 공장이 들어서게 되었고, 건설에 투입된 도급업자들과 인부들로 도시는 북적거렸다. 게다가 1862년 4월 16일, 워싱턴 D.C.에 거주하던 노예들에 대한 해방령이 선포되었다. 자유를 얻은 흑인들도 워싱턴 D.C. 개발에 고용되었다. 워싱턴 D.C.는 남북 전쟁을 계기로 작은 도시에서 상당한 규모의 도시로 거듭나기 시작했다. 전쟁 전 인구는 7만 5,000명 정도였는데 전쟁 후 5년 만에 약 2배로 불어났다.

20세기에 들어서 워싱턴 D.C.는 다시 전쟁으로 팽창하기 시

워싱턴 D.C.의 인구 증가 추이

연도	인구수(명)	증감률(%)	연도	인구수(명)	증감률(%)
1800	8,144	-	1920	437,571	32.2
1810	15,471	90.0	1930	486,869	11.3
1820	23,336	50.8	1940	663,091	36.2
1830	30,261	29.7	1950	802,178	21.0
1840	33,745	11.5	1960	763,956	-4.8
1850	51,687	53.2	1970	756,510	-1.0
1860	75,080	45.3	1980	638,333	-15.6
1870	131,700	75.4	1990	606,900	-4.9
1880	177,624	34.9	2000	572,059	-5.7
1890	230,392	29.7	2010	601,723	5.2
1900	278,718	21.0	2020 (추정치)	689,545	14.6
1910	331,069	18.8			

※자료: 미국 인구 조사국(2021년 4월 발표)

작했다. 미국이 제1차 세계 대전에 참전하면서 전쟁 전 35만 명이 던 인구가 52만 6,000명으로 급증했다. 유럽 전선에 투입될 군인 들의 훈련소, 군대와 관련된 각종 기관들과 부대 시설들이 폭발 적으로 늘어나면서 새로운 일자리를 얻으려는 사람들로 워싱턴 D.C.는 분주했다. 이들을 수용할 주택이 늘어나면서 도시는 급속 히 팽창하기 시작했다.

제2차 세계 대전 때에도 마찬가지 현상이 나타났다. 1941년 12월 일본의 진주만 공습으로 미국이 참전하면서 워싱턴 D.C.는 다시 한번 폭발적으로 성장했다. 1950년에 워싱턴 D.C.의 인구가 역대 최고치인 80만 명에 이르렀으니 그 발전의 속도와 규모를 상상할 수 있다.

도시 지형도를 완전히 바꾼 뉴딜 프로젝트

그런데 제2차 세계 대전 이전에 워싱턴 D.C.가 지금의 규모로 급성장하는 중요한 계기가 발생했다. 바로 1929년에 시작된 경제 대공황이었다. 프랭클린 루스벨트 대통령은 대공황의 타개책으로 뉴딜 정책을 시도했는데, 그 정책의 일환으로 워싱턴 D.C.에서 무려 500개가 넘는 공공사업을 펼쳤다. 공공사업은 내셔널 몰을 중심으로 진행되었다. 내셔널 몰은 워싱턴 D.C. 서쪽 경계에 위치한 링컨 기념관과 동쪽 경계에 위치한 연방 의사당 사이의 3.2km 거리의 국립 공원 지역으로, 이곳에 가면 미국의 과거와 현재를 한눈에 볼 수 있다.

이 사업에 포함된 유명한 건물들이 토머스 제퍼슨 기념관, 시어도어 루스벨트 섬 공원, 국립 미술관, 국립 수목원, 국립 동물원 등이다. 이 밖에도 공공사업국PWA과 공공사업 진흥국WPA은 공공

워싱턴 D.C.에 위치한 국립 공원, 내셔널 몰

건물, 도로, 교량 등의 건설을 포함해서 워싱턴 D.C.의 수많은 인프라 프로젝트에 자금을 지원했다. WPA는 예술가, 작가, 음악가들을 고용하여 도시의 문화 발전에 기여하기도 했다. 민간 자연보호 봉사단CCC은 워싱턴 D.C. 안팎의 공원과 자연환경을 조성했다. 이러한 뉴딜 프로젝트에 힘입어 워싱턴 D.C. 곳곳에 크고 작은 각종 건물들과 공원들이 들어서면서 도시의 지형도가 크게 변했다.

무엇보다도 뉴딜은 미국의 민주주의에서 하나의 전환점이 되었다. 그동안 미국의 민주주의는 자유방임주의 원칙을 고수했다.

정부 주도의 경제 발전에는 수동적인 자세를 취했던 것이다. 그런데 뉴딜이 모든 것을 바꿔버렸다. 이제 정부는 더 이상 수동적인 자세에 머물지 않고, 적극적이고 주도적으로 경제 발전을 견인하기 시작했다. 그에 따라 수많은 관공서가 생기고 공무원이 늘어나면서 워싱턴 D.C.의 위상과 역할이 증폭되었다.

민주주의의 집합 장소이자
시위의 수도, 워싱턴 D.C.

사람마다 워싱턴 D.C.를 생각하면 가장 먼저 떠오르는 이미지가 다르겠지만, 최근에는 워싱턴 D.C. 하면 개인이나 그룹 혹은 수많은 인파가 백악관 앞이나 링컨 기념관 혹은 워싱턴 기념탑 앞에서 그들의 목소리를 내고 있는 모습이 가장 먼저 떠오를 것이다. 워싱턴 기념탑이 조형물로서 워싱턴 D.C.의 랜드마크라면, 시위하는 사람들은 이제 또 다른 의미의 랜드마크로 자리 잡고 있다. 워싱턴 D.C.는 20세기에 들어서 미국의 민주주의를 위한 중요한 집합 장소가 되었다. 누구나 자신의 주장을 펼 수 있는 것이 민주주의의 기본이라면, 현재 미국의 민주주의가 가장 활기차게 실현되는 곳이 워싱턴 D.C.이다.

1932년 여름, 4만 3,000명의 제1차 세계 대전 참전 용사들과 가족들이 워싱턴 D.C.에 집결해서 시위를 벌였다. 당시로서는 워싱턴 D.C.에서 벌어진 가장 큰 규모의 시위였다. 이들의 요구는 정부가 약속한 보너스를 지급하라는 것이었다. 이른바 '보너스 원정대'의 시위로 군중 2명과 경찰 2명이 복숨을 잃었고, 수십 명이 부상을 당했다. 이때 우리가 잘 아는 더글러스 맥아더 장군이 육군 참모총장이었는데, 이들 원정대를 무력으로 진압해서 구설에 오르기도 했다.

워싱턴 D.C.의 이미지가 '시위의 수도'로 본격적으로 부각된 때는 1960년대였다. 텔레비전의 등장과 함께 시위 현장은 미국의 안방으로 그대로 전달되었다. 그중 대표적인 것이 흑인 민권 운동과 베트남 반전 시위였다. 1963년 8월 28일, 워싱턴 기념탑 앞에서 벌어진 흑인 민권 운동 시위에 25만 명이 참가했는데, 여기서 마틴 루서 킹 목사가 그 유명한 〈나에겐 꿈이 있습니다〉라는 연설을 했다. 미국의 베트남 전쟁 개입에 대한 반대 시위도 워싱턴 D.C.에서 수차례 열렸는데, 그중 가장 큰 시위가 1969년 11월 15일 일어났다. 이때 무려 50만 명이 참가했다. 최근에는 이례적인 시위도 발생했다. 2021년 1월 6일 사태이다. 2020년 선거에서 패배한 도널드 트럼프 대통령의 지지자들이 연방 의사당에 난입해서 조 바이든의 당선이 공식화되는 것을 막으려는 일종의 반란을 일으켰다. 적어도 7명이 사망했고, 138명의 경찰이 부상당한 초유의 사태였다. 1.6 사태가 향후 미국 민주주의에 어떤 영향을 끼칠지, '시위의 수도' 워싱턴 D.C.가 어떤 모습으로 변하게 될지 궁금하다.

2021년 1월 6일 트럼프 지지자들이 벌인 미국 국회 의사당 습격 시위

워싱턴 D.C.의 랜드마크인 워싱턴 기념탑은 1844년에 착공해서 1884년에 완공되었다. 워싱턴 기념탑은 총 높이 170m의 오벨리스크 형식의 탑이다. 의회에 경의를 표하는 목적으로 세워진 만큼 지금도 워싱턴 D.C.에서는 이보다 높은 건축물을 지을 수 없다. 탑은 여러 면에서 워싱턴 대통령을 연상시킨다. 장대하게 솟은 흰색 탑은 워싱턴의 모습과 성격을 상징적으로 대변한다. 워싱턴은 거의 190cm의 장신이었고, 흰색 애마를 즐겨 탔다. 말수도 별로 없었다. 큰 키의 워싱턴이 묵묵히 백악관, 연방 의사당, 대법원 등의 정부 청사를 내려다보며 미국인들이 그와 '건국의 아버

지들'이 꿈꾸었던 '견제와 균형'의 민주주의를 성실하게 준수하는 지를 지켜보는 것 같다. 나아가 세계의 민주주의를 위해서 미국이 그 역힐을 하고 있는지를 묵묵히 내려다보고 있는 것 같다.

1 워싱턴 D.C.의 'D.C.'는 무엇의 약자인가요?

2 기존 도시가 아닌 새로운 곳에 수도를 건설한 이유는 무엇인가요?

3 한국의 행정 수도 이전 논의와 워싱턴 D.C. 건설의 공통점을 찾아 보세요. (수도와 행정)

갱스터의 도시가
어떻게 국가의 심장이 됐을까?

시카고는 뉴욕, 로스앤젤레스에 이어 미국에서 세 번째로 큰 도시이다. 시카고시 인구는 약 270만 명. 광역 도시권 인구까지 포함하면 1,000만 명이 훌쩍 넘는다. 하지만 19세기 중반까지만 해도 시카고는 당시 서부 끄트머리에 위치한 작은 도시였다. 1833년 시카고의 인구는 고작 200명 정도였고, 7년 후 시카고시가 설립될 때에도 불과 4,000명 정도였다. 그랬던 도시가 1893년에는 인구 100만 명을 넘기며 만국 박람회를 개최할 정도로 성장했다.

미국인들은 시카고를 '바람의 도시Windy City'라고 하는데, 그 유래가 1893년 만국 박람회였다. 이 박람회는 크리스토퍼 콜럼버스의 아메리카 대륙 발견 400주년을 기념하는 뜻깊은 행사였기에

1893년 만국 박람회장

개최지를 놓고 경쟁이 치열했다. 가장 접전을 벌인 곳이 뉴욕과 시카고로, 최종 승자는 시카고가 되었다.

탈락한 뉴욕의 실망은 컸다. 그때 뉴욕 언론인 찰스 데이나는 시카고를 '바람의 도시'라고 비꼬았다. 시카고 사람들은 바람만 잔뜩 뿜어내는 허풍쟁이들이란 의미이다. 사실 1870년대부터 신시내티 야구팀 '레드 스타킹스'가 라이벌인 시카고 '화이트 스타킹스'를 비아냥거리면서 시카고를 '바람의 도시'라고 불렀는데, 결과적으로 데이나가 그 별칭을 더욱 유명하게 만들었다. 하지만 오늘날 시카고가 '바람의 도시'로 불리는 이유는 주로 시카고 동부를 에워싸고 있는 미시간 호수에서 불어오는 바람 때문이다.

지금은 중서부로 분류되지만, 당시에는 시카고가 서부의 중심이었다. 1893년 박람회가 개최되기 60년 전까지만 해도 고작 200명 정도가 살던 작은 개척 마을이 어떻게 '서부의 수도'로 성장하게 되었을까? 시카고 성장의 동력은 무엇이며, 시카고는 미국 문명사에서 어떤 의미를 가질까?

인력과 물류의 거점 도시로 성장하다

시카고가 급성장할 수 있었던 가장 큰 동력은 서부로 진출하려는 미국인들의 열망이었고, 그 열망을 가능하게 만든 것은 교통의 혁명이었다. 1848년에 일리노이 미시간 운하가 개통되었고, '갈레나·시카고 유니언 철도'라는 시카고의 첫 철도가 개통되었다. 운하와 철도의 개통으로 단숨에 시카고는 서부의 교통 중심지가 되었다. 미시시피강 서쪽으로의 개척은 아직 탄력받지 못하고 있었기 때문에, 시카고는 당시로는 서부 끝자락의 중심지였다. 운하를 통해 기선과 범선이 미시시피강에서 오대호까지 이동할 수 있었으며, 철도가 인접 지역을 연결하며 인력과 물류의 주요 통로가 되었다.

남북 전쟁 이후 산업 혁명이 본궤도에 오르며 중서부 물류 통상의 거점 도시였던 시카고는 더욱 발전했다. 물론 위기는 있었다. 1871년 미국 역사상 가장 큰 화재로 기록되는 시카고 대화재로 300명이 목숨을 잃었고, 도시 거주민 3분의 1이 집을 잃었다. 하지만 시카고는 놀라운 속도로 재건에 성공했다. 순식간에 옛 모습을 되살렸을 뿐만 아니라, 더 튼튼하고 세련된 건축물이 들어섰다.

놀라운 속도로 발전하는 시카고는 결코 허풍쟁이들의 도시가 아니었다. 시카고는 1893년 박람회를 충분히 개최할 수 있을 정도로 성장해 있었다. 지금의 잭슨 공원을 중심으로 개최된 박람회는 대성공이었다. 역사상 최초로 박람회 전체 시설이 전기로 작동되었고, 전 세계에서 무려 2,700만 명이 관람했는데, 이것은 야외 행사 참관자 수의 세계 최고 기록이었다.

'혁신주의 운동'의
중심이 되다

남북 전쟁 이후 시카고는 육류 포장 산업으로 더욱 발전했다. 남북 전쟁은 미국 음식 문화에 많은 변화를 가져왔다. 그중 하나가 소고기 문화였다. 원래 비프스테이크는 뉴욕의 노동자들이 즐겨 먹던 일종의 패스트푸드였다. 바쁜 노동자들에게 비프스테이크는 빨리 요리해서 먹을 수 있고 단백질도 풍부한 최고의 음식이었다. 남북 전쟁 동안에 뉴욕의 병사들을 통해서 순식간에 다른 지역에서 온 병사들에게도 알려지게 되었고, 전쟁 이후에 소고기를 찾는 사람들이 폭발적으로 늘어났다.

이렇듯 소고기 수요가 폭증하면서 텍사스, 캔자스, 네브래스카 등의 목초지에서 키운 소들이 기차로 속속 시카고에 운송되었다. 순식간에 시카고는 세계 최대의 도축 도시가 되었다. 1870년에는 300만 마리의 소와 돼지가 시카고에서 도축되었고, 20년 뒤에는 무려 1,200만 마리가 도축되었다. 1900년에 시카고 육류 포장 회사들에 고용된 사람이 2만 5,000여 명이었는데, 이는 미국 전역에서 관련 산업에 종사하는 사람들의 3분의 1이 넘는 숫자였다.

육류 포장 사업이 성황을 이루자 시카고는 미국에서 가장 더럽고 불결한 도시가 되었다. 소와 돼지의 분비물, 도축장에서 버려지거나 흘러나오는 내장과 피 냄새가 도시 전체를 오염시켰다. 그런데도 당시에는 정부가 일반 기업 활동에 개입하거나 간섭하지 않았다.

1905년 언론인 업턴 싱클레어가《정글》이라는 책을 출판해서 시카고 도축장의 현실을 고발했다. 시어도어 루스벨트 대통령이 그 책을 읽고, 1906년 육류 검사법을 통과시켰다. 이 법과 동시에 식품 및 의약품법도 통과되었다. 이 획기적인 법안들은 미국에서 육류 검사와 식품 및 의약품에 대한 연방 규제의 시작을 알렸다. 이제 미국은 자유방임주의 원칙에서 탈피해서 필요하다면 정부가 개입해서 국민의 삶을 개선할 수 있는 근거를 마련했다.

당시 유럽에서는 산업 혁명의 영향으로 사회주의가 급부상하고, 1917년 러시아에서는 볼셰비키 공산혁명이 성공하며 세계적으로 자본주의는 거센 도전에 직면했다. 그런데 미국은 개혁이 필요한 경우에 한해 선택적으로 정부가 개입하는 방식으로 자본주의 체제를 지켜냈다. 이를 미국의 혁신주의 운동이라고 하는데, 이 개혁을 이끈 핵심 도시가 시카고였다. 시카고 프로 농구팀의 이름이 시카고 불스Bulls이다. 황소라는 이름과 이미지를 붙인 것은 개혁을 주도하며 힘차게 나아간 시카고의 역사성 때문이다.

시카고는 왜
'갱스터의 도시'가 되었나?

1919년 미국 수정 헌법 제18조로 연방 정부는 술 제조와 판매를 법적으로 금지시켰다. 하지만 금주법은 갱스터 시대를 열었다. 1933년 금주법이 폐지될 때까지 밀주 사업 주도권을 놓고 벌어진 갱단의 세력 다툼은 크나큰 사회적 문제가 되었다. 시카고는 당시 가장 악명 높은 마피아, 알 카포네가 활동한 갱단의 중심지였다.

★ 수정 헌법 제18조

미국 전역에서 주류의 제조, 판매, 수송, 수입, 수출을 금지하는 내용을 담고 있다. 미국 역사상 최초로 헌법에 금주를 명시한 것으로, 1919년 이후 약 14년간 지속된 금주법 시대의 법적 근거가 되었다.

카포네는 시카고에서 라이벌 갱들을 하나둘씩 제거하면서 밀주 사업은 물론 도박을 비롯한 유흥 사업을 장악하기 시작했다. 그는 시장과 친분을 쌓았고, 특히 시칠리아계 이탈리아 경찰 조직망의 후원을 받아 누구도 손댈 수 없는 막강한 세력으로 성장했다. 그는 대공황이 발발하자 시카고 중심가에 무료 배급소까지 설치해서 배고픈 시민들에게 빵과 커피를 제공하기도 했다. 시카고 사람들은 그를 "대공황의 로빈 후드"라고 칭송했다. 얼굴에 난 칼자국으로 인해 '스카 페이스'란 별명으로 유명한 카포네는 시카고 사람들에게 공포의 대상인 동시에 인기 스타와 같은 존재였다.

하지만 계속되는 갱들 간의 총격전과 살인은 시카고 시민들을 불안에 떨게 만들었다. 1929년, 알 카포네가 보낸 조직원들로 추정되는 갱단이 아일랜드계 마피아 조직원 7명을 쏴 죽인 이른바 '성 밸런타인데이 학살'이 발생했다. 이 사건의 배후는 끝내 밝혀지지 않았지만, 시카고 사람들은 그 배후 인물이 알 카포네임을 의심치 않았다.

결국 카포네는 1931년에 다수의 세금 포탈죄로 11년 형을 받고 감옥살이를 하게 되었다. 복역 초기부터 뇌의 신경 매독으로 고통받던 그는 1947년 심장 마비로 세상을 떠났다. 그는 사라졌지만, 시카고는 '카포네의 도시'라는 오명에서 벗어나지 못했다. 지금도 마찬가지이다. 2025년 시카고에서는 약 411건의 살인 사건이 발생했다. 최근 여러 해 동안 시카고는 총 살인 사건 수 기준으로 미국 대도시 가운데 가장 높은 수준을 기록해온 도시 가운데 하나이다.

가장 미국적인
문화와 가치의 탄생

1893년 만국 박람회를 기념하기 위한 미국 역사 학회가 시카고에서 개최되었다. 그때 역사학자 프레더릭 터너 교수가 〈미국 역사에서 프런티어의 의미〉라는 논문을 발표했다. 이것이 미국 역사학의 이정표와도 같은 학설인 프런티어 이론Frontier Thesis이다. 한마디로 정리하면, 서부 개척의 역사가 미국의 문화와 국민성을 형성하는 데 결정적으로 기여했다는 주장이다. 그때까지만 해도 미국의 문명은 유럽 문명이 미국의 동부에 이식되어서 형성되고 발전되었다는 것이 정설이었다.

역사가들은 주로 동부 아이비리그 대학 출신이거나, 옥스퍼드나 케임브리지와 같은 영국 명문대 출신이거나, 그 출신 스승에게 교육받은 이른바 '동부 엘리트'들이었다. 당연히 이들은 유럽 지향적인 학자들이었다. 그런데 시카고 위의 위스콘신주에서 성장한 터너 교수가 서부의 광활한 개척지에서 독립적이고 자유로운 삶을 살았던 서부 개척민들이 진정한 미국만의 전통과 문명을 창출

> **★ 프런티어 이론**
>
> 1893년 역사학자 프레더릭 터너가 제시한 학설. 미국의 팽창과 서부 개척이 미국의 정치, 경제, 사회, 문화 전반에 지대한 영향을 미쳤다는 주장이다. 터너는 프런티어, 즉 개척 지역에서의 경험이 개인주의, 평등주의, 민주주의 등 미국인의 고유한 국민성을 형성하는 데 결정적인 역할을 했다고 보았다.

했다고 주장한 것이다. 대체로 동부 사람들에 비해 교육받지 못했고, 경제적 여유가 없었던 이들이 서부로 진출해 새로운 환경에 적응하면서 가장 미국적인 전통과 가치를 만들고 다졌다는 것이다.

'프런티어 이론'은 황무지나 다름없었던 서부로 진출해서 어려움을 극복하고 정착에 성공한 서부 개척민들의 자부심을 무한히 고취시켰다. 한 역사가의 시선이 미국 문명을 보는 시선을 바꿔놓은 것이다. 미국의 서부는 미국의 개인주의, 물질주의, 민주주의를 이해하는 중요한 배경으로 존중받게 되었다. 한동안 그 서부의 수도였던 시카고에 대한 시카고 사람들의 자부심은 남다르다. '바람의 도시'는 허풍쟁이들의 도시가 아니라 자부심이 가득한 서부인의 도시인 것이다.

---

1 시카고의 별명인 '바람의 도시'를 유명하게 만든 계기는 무엇인가요?

2 시카고 도축장의 비위생적 현실을 고발한 책의 제목은 무엇인가요?

3 '프런티어 이론'이 미국 문명을 바라보는 시선에 어떤 영향을 미쳤는지 찾아보세요. **(미국사)**

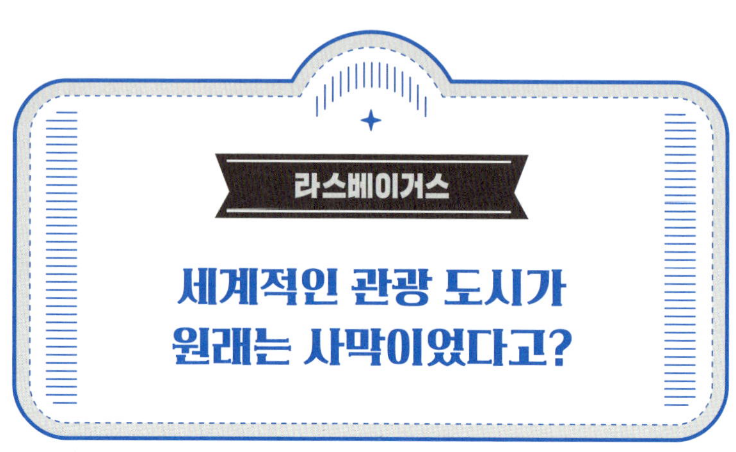

네바다주의 남부 지역, 사막의 한가운데를 칠흑 같은 밤에 차를 타고 가다 보면 순간적으로 저 멀리서 마치 수만 개의 별들이 축제를 벌이는 것 같은 휘황찬란한 광경을 볼 수 있다. 그 불야성은 그야말로 장관이다. 그곳이 라스베이거스이다.

인구 200만 명이 넘는 미국의 메트로폴리탄 도시 중에서 가장 독특한 곳이 라스베이거스이다. 도박과 환락의 도시이며, 오랫동안 '죄악의 도시Sin City'라고 불렸다. 이런 도시가 왜 네바다의 사막 한가운데에 생겼을까? 그것이 미국 문명을 이해하는 데 어떤 단서를 제공할까? 라스베이거스를 바라보는 시선은 그 사람이 미국을 어떻게 생각하는지를 알 수 있는 열쇠이다.

라스베이거스 계곡에 발을 디딘 최초의 비원주민은 멕시코인 라파엘 리베라였다. 그는 1829년 스페인 탐험대의 일원으로서, '스페인 행로'를 따라 라스베이거스 북동쪽으로 약 160km 떨어진 곳에 도착한 후 물을 찾기 위해 서쪽으로 떠났다. 그런데 경험이 부족했던 리베라는 본대로부터 멀리 떨어져 본의 아니게 미지의 영역으로 모험을 떠나게 되었다. 그러다 2주 후에 현재의 라스베이거스 다운타운 지역 근처에 있던 천연 샘을 발견했다. 그는 그곳을 라스베이거스라 명명했다. '목초지'라는 뜻이다. 사막의 오아시스 인근에 자라고 있는 야생 목초들을 보고 그렇게 이름을 지은 것이다.

약 14년 후, '위대한 개척자'로 명성을 떨친 미국인 존 C. 프리몬트가 원정대를 이끌고 라스베이거스에 도착했다. 그는 그곳이 목욕에 적합하다고 기록했고, 워싱턴 D.C.에 돌아가서 라스베이거스를 그의 탐험 지도에 등재했다. 이렇게 라스베이거스가 다른 미국인들에게 알려졌다.

라스베이거스에 처음으로 정착을 시도한 미국인들은 모르몬교도들이었다. 모르몬교의 정식 명칭은 '예수 그리스도 후기 성도 교회'인데, 기존의 미국 개신교도들로부터 이단으로 낙인찍혀 1831년 창시자 조지프 스미스를 따라 뉴욕에서 서부로 피난길에 올랐다. 1844년 스미스가 사망하자 그의 후계자인 브리검 영이 서부로의 이주를 이끌었다. 그들은 1847년 마침내 미국의 '흑해'로 불리는 솔트레이크에 도착했다. 이것이 유타 역사와 모르몬교도 정착사의 시작이었다.

브리검 영은 유타 주변을 그들의 생활권으로 보고 탐사했는데, 1855년 라스베이거스에 요새를 구축하고 29명의 모르몬교도들이 라스베이거스에 거주하기 시작했다. 하지만 그들은 요새에 오래 머물지 못했다. 농사짓는 데 실패했고, 지도자들 사이에 내분이 발생해서 정착한 지 2년 만에 그곳을 떠났다.

도시 성장의 기폭제가 된
역대 최대 규모 후버 댐 건설

모르몬교도들이 떠난 이후 한동안 라스베이거스는 이렇다 할 변화가 없었다. 그러다 1905년에 로스앤젤레스와 솔트레이크시티를 잇는 철도가 완성되면서 라스베이거스에 역이 들어섰다. 이곳은 로스앤젤레스와 솔트레이크시티의 중간 기착지로서 주로 철도 관련 노동자들로 북적거리기 시작했다. 철도역이 들어서기 전에는 불과 22명이던 주민이 철도가 들어서면서 800명으로 급증했다.

이때 솔트레이크시티에서 모르몬교도들이 다시 농사를 짓기 위해 라스베이거스에 찾아왔다. 지금도 라스베이거스에는 10만 명 이상의 모르몬교도들이 살고 있으며, 도시 전체 인구의 약 12%가 모르몬교도들이다. 하지만 여전히 라스베이거스는 뜨내

라스베이거스 성장의 기폭제가 된 후버 댐의 모습

기들의 작은 도시였다. 그들을 유혹하는 술집과 도박장, 유흥업소만 북적거릴 뿐이었다. 라스베이거스가 성장하기 위해서는 뭔가 기폭제가 필요했다.

1931년에 그 기폭제가 발생했다. 미국 역사상 가장 큰 댐인 후버 댐 건설이 시작된 것이다. 네바다주는 도박을 합법화하고, 이혼에 필요한 거주 기간을 6주로 단축시켰다. 이런 파격적인 시도를 한 이유는 대공황 시기에 네바다주의 경기를 활성화하기 위해서였다. 라스베이거스는 술과 도박, 기타 유흥을 찾는 후버 댐 노동자들의 '천국'이 되었다. 후버 댐 노동자들뿐만 아니라 서부 사람들 사이에서도 라스베이거스는 유흥가로 유명세를 타기 시작했다. 라스베이거스 인구는 순식간에 5,000명 정도에서 2만 5,000명으로 불어났다.

1934년, 후버 댐이 완성될 즈음에 라스베이거스시 관계자들은 라스베이거스 수입의 근간이었던 후버 댐 노동자들이 떠나게 되면 도시의 경제가 위축될까 봐 걱정했다. 그래서 시작된 것이 헬도라도 날Helldorado Days 축제였다. 원래는 후버 댐 공사 인부들에게 즐거움을 선사하기 위해 만든 축제였지만, 후버 댐이 완공된 후에도 그들이 라스베이거스에서 계속 살아가거나, 적어도 그곳을 다시 찾게 하려는 의도였다. 이 축제로 인해 후버 댐 완공 이후에도 라스베이거스는 여전히 도박과 축제 등 환락의 도시라는 이미지를 이어가게 되었다. 게다가 후버 댐 덕분에 라스베이거스는 가장 많은 전기를 공급받는 도시가 되면서 프리몬트 거리 등은 밤에도 휘황찬란한 불빛을 뿜어내는 환상의 도시가 되었다.

도박에서 공연의 메카로, 원자 폭탄 실험도 관광 상품으로

제2차 세계 대전 후에 라스베이거스는 본격적으로 유흥의 도시로 자리 잡게 되었다. 라스베이거스는 흥청망청한 도시가 되었고, 검은돈을 노리는 갱단들이 들어섰다. 이때 가장 먼저 선수를 치고 나간 갱단이 유대인 마피아 조직이었다. 그 대표적인 사람이 전설적인 벅시 시걸이었다. 그는 1946년 9개월간의 공사 끝에 대형 카지노 호텔 '플라밍고 호텔'을 개장했다. 이후 본격적으로 대형 카지노 호텔들이 들어섰다. 지금의 라스베이거스로 발전하는 초석을 벅시 시걸과 유대인 마피아들이 닦은 것이다.

1950년대에 들어서면서 호텔 카지노 사업의 발전과 함께 라스베이거스 방문객이 늘어나면서 프랭크 시나트라, 딘 마틴, 앤디 윌리엄스, 빙 크로스비와 같은 유명 가수들과 연예인들이 공연을 했고, 나중에는 '로큰롤의 제왕' 엘비스 프레슬리까지 합류하면서 라스베이거스는 단순히 도박의 메카가 아니라 공연의 메카로도 인기를 누리게 되었다.

1951년부터 라스베이거스는 원자 폭탄 실험 장소로도 유명해졌다. 원자 폭탄 관련 실험은 라스베이거스에서 북서쪽으로 105km 떨어진 곳에서 진행되었는데, 폭탄이 투하된 후 피어오르는 버섯구름을 라스베이거스에서 쉽게 볼 수 있어서 라스베이거스는 한동안 '원자 폭탄의 도시'라는 별칭을 갖게 되었다. 라스베이거스 지도자들은 후버 댐 건설을 라스베이거스 홍보에 활용했듯이, 원자 폭탄 실험을 관광 홍보의 기회로 생각한 것이다.

프리몬트 거리는 어떻게
라스베이거스의 명소가 되었나?

1966년 추수 감사절 휴일에 괴짜 억만장자 하워드 휴즈가 라스베이거스의 '데저트 인'에 묵으면서 라스베이거스는 새로운 전환점을 맞게 되었다. '데저트 인'은 1950년에 문을 연 호텔로, 당시까지 라스베이거스에서 가장 큰 9층짜리 호텔이었다. 그런데 휴즈는 한 달 내내 방에서 나오지 않았다. 주인이 강제로 쫓아내겠다고 으름장을 놓자 휴즈는 그 호텔을 사버렸다. 그리고 계속 그곳에 머물렀다.

그동안 그는 직접 고용한 매니저들을 통해서 주변 호텔과 카지노를 사들였는데, 그 매니저 집단은 모두 모르몬교도들이었다. 이들은 범죄 집단은 아니었지만 마피아 조직과 같은 충성심으로 휴즈를 보좌해서 휴즈의 '모르몬 마피아'로 불렸다. 모르몬교도들은 교리에 따라 술, 담배, 도박을 하지 않았다. 그래서 휴즈는 환락적인 도시 분위기에 휩쓸리지 않고 성실하게 일할 모르몬교도를 고용했던 것이다. 휴즈 자신은 모르몬교도가 아니었다.

2000년에 부동산업자인 스티브 윈이 '데저트 인'을 매입했다. 2004년, 윈은 유서 깊은 그 호텔을 무너뜨리고 그 자리에 새로운 호텔 카지노를 건축했다. 그것이 지금의 '윈 앙코르 호텔'이다. 윈은 그 후로도 미라지, 벨라지오, 트레저 아일랜드 등 라스베이거

화려한 네온사인의 프리몬트 거리 모습

스의 유명 호텔 카지노를 사들이거나 새로운 호텔 카지노를 건설했다.

카지노의 80%가 몰려 있는 라스베이거스 스트립 거리는 수많은 네온사인으로 인해 '빛나는 협곡'이라는 애칭으로 불린다. 1995년 파라마운트 픽처스 영화사가 〈스타트렉〉의 흥행으로 그곳에 영화 속 우주 탐사선 '스타십 엔터프라이즈'를 실제 크기로 건설하려는 계획을 세웠는데, 그것이 실패로 돌아갔다. 그러자 프리몬트 거리의 호텔 카지노 사업가들이 힘을 합쳐 그 계획을 성사시켰다. 그것이 지금의 FSE^{Fremont Street Experience}이다. '프리몬트 거리에서 실행된 경험의 거리'라는 뜻이다. 5개의 거리가 반월형 천장으로 이어진 대규모 실내 거리가 조성된 것이다. 높이 27m, 길이 419m의 반월형 천장으로 덮이고, 1,250개의 LED 조명과 55만 와트의 음향이 자정까지 울리는 이 거대한 실내 거리는 라스베이거스의 대표적인 명소가 되었다.

라스베이거스는 오랫동안 '죄악의 도시'로 알려졌다. 술과 도박 등 각종 유흥 때문에 붙은 별명이다. 이런 부정적인 이미지 때문에 라스베이거스는 사람이 살기에는 좋지 않은 도시라고 생각할 수 있다. 하지만 라스베이거스는 계속해서 붐을 이루고 있고, 인구도 꾸준히 증가하고 있다.

라스베이거스는 미국에서 가장 독특한 도시라고 하지만, 어찌보면 미국의 자본주의와 미국인들의 기본적인 욕망을 엿볼 수 있는 가장 미국적인 도시라고 할 수 있다. 또한, 미국의 문명은 대체로 정부 주도라기보다는 민간인 주도의 문명이었다. 메마르고 척박한 네바다의 사막에서 인류 역사상 그 유례를 찾기 힘든 성공 신화를 만든 라스베이거스는 여전히 살아 꿈틀거리고 있는 서부개척 시대의 일면을 보여준다.

라스베이거스에 대한 재미있는 표현이 있다.

"라스베이거스는 결코 잠들지 않는다. 우리의 꿈이 그러듯이."

사람들의 꿈과 희망이 있고, 그것을 쟁취하기 위한 열망이 있는 한 라스베이거스의 기적은 계속될 것이다.

1 '라스베이거스'라는 이름은 스페인어로 무슨 뜻인가요?

2 라스베이거스 성장의 기폭제가 된 대규모 건설 사업은 무엇인가요?

3 라스베이거스에 처음 정착을 시도한 종교 집단은 어디인지 찾아보

세요. **(종교와 사회)**

SOCIETY

미국 사회·문화를 이해하는 6가지 키워드

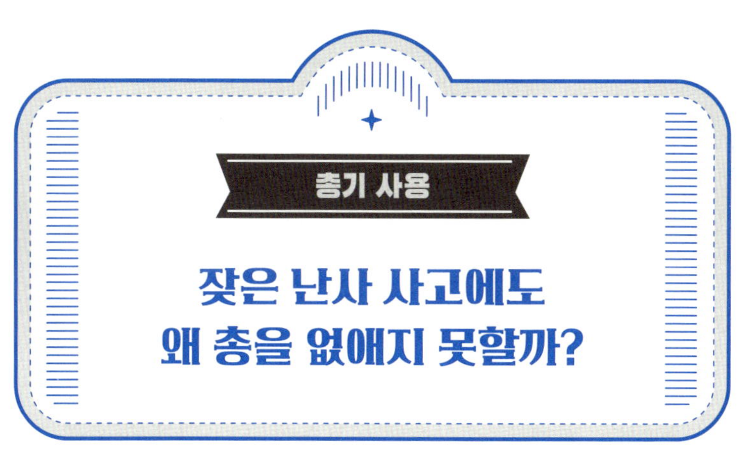

잦은 난사 사고에도
왜 총을 없애지 못할까?

2022년 5월 24일 오전 텍사스주 롭 초등학교에서 총기 난사 사건이 발생했다. 인근에 사는 18세 고등학생이 학교에 들어와 무려 한 시간이나 총을 난사해 초등학생 19명과 교사 2명이 목숨을 잃은 대형 참사였다. 범인이 사용한 총은 미국에서 총기 난사 사건 때 자주 등장하는 AR-15 반자동 소총이었다. 가볍고 반동이 적어 정확도와 살상력이 높아 '악마의 무기'로 불리며 세계 각국의 특수 부대는 물론 테러범들이 사용하는 무기이다.

총기 난사 사건은 미국에서 끊임없이 발생한다. 2000년 이후에 발생한 대형 총기 난사 사건들만 열거하더라도, 32명이 사망한 2007년 4월 16일의 버지니아 공과대학 사건, 26명의 목숨을 앗아간 2012년 12월 24일 코네티컷주 샌디훅 초등학교 사건, 17명이 사망한 2018년 2월 14일의 플로리다주 스톤넌 더글러스 고등학교 사건, 61명으로 미국 역대 최다 사망자를 낳은 2017년 10월 1일 라스베이거스 사건을 들 수 있다.

총기 난사 사건에 자주 등장하는 AR-15 반자동 소총

대형 총기 난사 사건이 발생할 때마다 미국 내에서는 총기 규제 논란으로 시끄럽다. 한쪽에서는 총기를 규제해야 한다고 주장하고, 다른 쪽에서는 규제해서는 안 된다고 주장한다. 총기 규제는 복잡하면서도 난해한 미국 사회를 이해하는 단면이다.

무기 소유를 합법화한
수정 헌법 제2조

끊임없이 발생하고 수많은 목숨을 앗아가는 총기 사건을 막기 위해서 총기 규제가 필요하다는 목소리가 커지는 것은 당연하다. 하지만 총기 규제 목소리가 높아질수록 규제에 반대하는 목소리도 높아진다. 그들은 총기 소유가 '건국의 아버지들'이 헌법에 새긴 결코 양보할 수 없는 자유와 권리라고 주장한다. 1791년에 국민의 무기 소유를 합법화한 '수정 헌법 제2조'가 제정되었다. 이는 미국 민주주의에서 가장 중요하다고 여기는 ‘수정 헌법 제 1조’, 즉 종교, 언론, 출판, 집회, 탄원에 대한 자유와 함께 제정되었다. 오늘날 뜨거운 논란의 중심이 된 수정 헌법 제2조에는 이렇게 새겨져 있다.

“잘 규율된 민병대는 자유로운 주의 안보에 필수적이므로 무기를 소유하고 휴대하는 국민의 권리를 침해할 수 없다.”

이 조항이 논란이 되는 이유는 어느 부분이 강조되느냐에 따라 다른 해석이 가능하기 때문이다. 민병대가 강조되면 “무기를 소유하고 휴대하는” “잘 규율된 민병대”를 꾸릴 권리가 부각된다. 반대로 국민의 권리가 강조되면 일반 시민의 무기 소지에 대한 자유가 부각된다. 독립 전쟁 후 민병대의 역할이 축소되자 자연스럽게 일반 시민의 무기 소지 부분이 수정 헌법 제2조의 원칙으로 받아들여졌다. 아메리카 원주민들과의 마찰 등 치안이 불안했던 시대에 총은 자신과 가족을 지키는 수단이었다. 미국이 대륙 팽창을 계속하면서 영토가 넓어지고 서부로 이주하는 사람들이 늘어나면서 총은 더욱 중요한 자기방어 수단이 되었다. 무법자들이 난무하고 보안관조차 악행을 저지르던 서부 개척 시대에 총은 자신과 가족의 생명을 지키는 필수적인 수단이었다. 남북 전쟁으로 총기의 살상력과 정확도가 획기적으로 증가했고, 총기 제작 업체들은 앞다투어 성능 좋은 총기를 시장에 내놓았다. 총기 관련 사고가 수없이 발생했지만, 누구도 총기 규제가 필요하다고 생각하지 않았다.

밸런타인데이 학살과
총기 규제의 시작

총기 규제 이슈가 처음으로 등장한 것은 1929년에 시카고에서 발생한 '성 밸런타인데이 학살' 때문이었다. 당시 금주법으로 말미암아 밀주 시장을 장악하려는 마피아들 간의 세력 다툼으로 총격 사건이 빈번하게 발생했는데, 1929년 2월 14일(성 밸런타인데이) 시카고에서 마피아 7명이 다른 마피아 조직에 의해서 잔인하게 살해되었다. 이 사건으로 미국 사회에 총기 규제 여론이 고개를 내밀었다. 이런 사회적 분위기 속에서 1934년 프랭클린 루스벨트 대통령은 미국 역사상 최초의 연방 총기 규제법인 '국가 총기법'을 제정했다. 법의 주요 내용은 총기 제조, 유통, 매매에 세금을 부과하며 특정한 엽총과 소총, 기관총 등은 의무적으로 당국에 등록하도록 한 것이다.

한번 정부에 의해 총기 규제 법안이 통과되자 이후 사회적 분위기에 따라 총기 규제법이 계속 제정되었다. 1963년 존 F. 케네디 대통령의 암살과 1968년 흑인 민권 운동가 마틴 루서 킹 목사의 암살을 계기로 새로운 총기 규제법이 제정되었다. 1981년 3월 로널드 레이건 대통령 권총 암살 시도 사건이 발생했고, 1991년 10월에는 텍사스주 킬린의 한 카페테리아에서 권총 난사 사건이 발생해서 23명이 목숨을 잃었다. 그 여파로 1993년에 일명 '브래디 권총 폭력 예방법'이 제정되었다.

레이건 저격 사건 때 총격을 받아 하반신 마비로 평생을 휠체어 신세를 지게 된 레이건의 공보 비서관 제임스 브래디가 이 법을 통과시키는 데 주도적인 역할을 했다. 브래디 법의 주요 내용은 총기 매입을 위해서는 신원 조회를 위해 5일간의 대기 기간을 거쳐야 하며, 경찰 수배 중인 범죄자가 아닌지, 불법 체류자가 아닌지 혹은 정신 이상자가 아닌지 등의 배경 조사를 받아야 한다는 것이다. 1994년에는 10년 시효의 '공격용 무기 판매 금지법'이 제정되었다. AR-15과 같은 19개의 공격용 무기의 제조 또는 판매를 금지하며, 10발이 넘는 신형 대용량 탄창을 금지하는 법이다. 권총이라 할지라도 3초에 10발을 쏠 수 있을 정도로 공격성이 강한 총기 판매를 금지하기 위해서였다.

이러한 일련의 총기 규제 법안을 보면, 미국 내에서 총기 규제에 대한 어느 정도의 합의가 이루어진 것으로 착각할 수 있다. 하지만 현실은 그렇지 않다. 브래디 법만 하더라도 레이건 암살 시도 사건이 발생한 후 12년 만에 통과되었다. 총기 규제에 대한 반발의 목소리가 그만큼 컸다는 것이다. 또한 총기 유통의 약 40%는 동네 벼룩시장이나 개인 간 거래로 이루어졌기 때문에 법의 실효성에도 문제가 많았다. '공격용 무기 판매 금지법'도 시효 기간 10년이 지나자, 2004년에 폐기되고 말았다.

총기 규제법이
실효성을 갖기 어려운 이유

미국이 꾸준히 연방 차원에서 총기 규제법을 제정했음에도 사실상 실효를 거두지 못한 근본적인 이유는 각 주마다 다른 규제법을 만들어서 시행하고 있기 때문이다. 1장에서 설명했듯이 연방법보다 주법이 주민들에게 더 많은 권리를 제공한다면 주법이 우위에 설 수 있고, 총기 규제법은 주마다 다르다. 예컨대, 알래스카주는 다른 주보다 총기 규제가 느슨한 반면, 워싱턴 D.C.나 뉴욕주, 캘리포니아주는 총기 규제가 엄격한 편이다. 게다가 총기 규제 반대자들은 수정 헌법 제2조에 근거해서 총기 규제법이 위헌이라고 믿는다. 2008년 워싱턴 D.C.의 한 시민이 워싱턴 D.C.의 총기 소유 금지법이 위헌이라고 연방 대법원에 제소했고, 대법원은 그의 제소를 받아들였다.

미국에서 총기 규제가 어려운 또 하나의 중요한 이유는 '전미 총기 협회NRA'의 정치적 영향력 때문이다. NRA는 회원들의 후원금이라는 엄청난 자금력을 바탕으로 대통령 선거와 연방 상하원 의원 선거에 개입해서 총기 규제에 반대하는 정치인의 당선을 돕고 있다. NRA는 1980년 로널드 레이건의 당선부터 시작해서 2016년 도널드 트럼프의 당선에 이르기까지 공화당 후보의 당선에 막대한 영향력을 행사했다.

2000년 선거에서 국민 총 득표수에서는 이겼지만 선거인단 수에서 패해서 대통령에 당선되지 못한 엘 고어 민주당 후보는 NRA 때문에 선거에서 패했다고 말했다. NRA의 회원이기도 한 트럼프는 2016년 선거에서 NRA를 선거 운동에 적극적으로 활용한 것으로 유명하다. 또한 NRA는 연방 상하원 선거에서도 후보들의 총기 규제 반대 정도에 따라 등급을 매겨서 등급이 높은 후보가 당선되도록 후원하고 있어 공화당 내에서는 의원들의 NRA '성적표'가 당락의 결정적인 변수가 되고 있다.

총기 규제 이슈를 놓고 공화당과 민주당은 갈수록 첨예한 정치적 공방을 벌이고 있다. 공화당은 이른바 '친총'으로 분류되고, 민주당은 '반총'으로 분류된다. 총기 규제는 다른 어떤 이슈보다도 당의 입장이 뚜렷이 갈리기 때문에, 향후 미국 내 총기 규제 문제는 특별한 이변이 없는 한 미국의 정치적 시소 게임과 연동될 수밖에 없다.

앞에서 언급한 롭 초등학교 총기 난사 사건 희생자들을 위한 추모식에 참석한 조 바이든 대통령은 "다른 모든 권리와 마찬가

> **★ 전미 총기 협회(National Rifle Association, NRA)**
>
> 1871년 군인들의 사격 실력 향상을 위해 설립된 단체로, 이후 총기 소유권을 옹호하는 미국 최대의 로비 단체로 성장했다. 총기 산업 관계자, 사냥과 스포츠 사격 애호가들, 총기 소유권을 강력하게 옹호하는 개인들의 회비와 기부금은 NRA의 막대한 자금력과 정치적 영향력의 원천이다. 이를 바탕으로 NRA는 총기 규제에 반대하는 의회 의원들을 지원하고, 총기 규제 입법을 저지하는 등 미국 사회에서 막강한 영향력을 행사한다.

지로 수정 헌법 제2조는 절대적이지 않다"라고 말하며 총기 규제의 필요성을 강조했다. 반면에 트럼프 전 대통령은 "총을 든 나쁜 자를 막을 수 있는 것은 총을 든 선한 자"라고 말하며 총기 소유를 지지했다.

총기 소유에 대한 미국인들의 생각은 다양할 수밖에 없다. 개인의 경험에 따라 수정 헌법 제2조는 각각 다르게 해석될 소지가 크다. 오랫동안 총기 규제는 당을 초월해서 미국인들이 함께 고민해온 문제이다. 하지만 보수 진영과 진보 진영의 갈등의 골이 깊어지면서, 총기 규제는 다양한 사람이 각자의 의견을 내세우는 건전한 토론의 대상이 되기보다는 보수-진보 양극화의 상징이 되고 있다. 다양성을 존중하는 다문화주의가 미국 사회의 특징인데, 총기 이슈가 다양성을 흩트리고 진영 결집을 심화시키는 도구가 되고 말았다. 이것이 현재 미국 사회의 현실이자 향후 미국 문명의 성패를 가름하는 주요 변수가 될 것이다.

1 미국 국민의 무기 소유 권리를 보장한 헌법 조항은 무엇인가요?

2 미국의 총기 규제법이 실효성을 갖기 어려운 이유는 무엇인가요?

3 '로비'란 무엇인지 찾아보세요. (정치와 민주주의)

1991년 3월 3일, 흑인 청년 로드니 킹이 음주 운전으로 경찰에 체포되는 과정에서 로스앤젤레스 경찰청LAPD 경찰관에게 심하게 구타당했다. 구타당하는 장면이 어느 시민의 제보로 지역 방송국에서 보도되면서, 이 사건은 미국 전체에 충격을 주고, 대중의 공분을 샀다.

사건이 전국적인 이슈로 떠오르자 관련 경찰관 4명이 과도한 무력을 사용한 혐의로 기소되었고, 킹은 석방되었다. 언론에 노출된 킹의 모습은 충격적이었다. 깁스를 한 오른쪽 다리, 심하게 베이고 부은 얼굴, 온몸의 멍, 전기 충격기로 맞은 가슴 부위의 화상이 텔레비전 화면을 통해서 그대로 드러났다. 흑인들을 중심으로

1992년 LA 폭동으로 파괴된 건물들

미국은 분노로 들끓었다. 모든 시선이 1992년 4월, 4명의 경찰관에 대한 배심원의 판결에 쏠렸다. 판결은 무죄로 나왔다. 배심원 대다수는 백인이었다.

수천 명의 흑인들이 거리로 나섰다. 항의 시위는 폭동으로 확대되었고, 로스앤젤레스 지역은 약탈, 폭행, 방화로 무법천지가 되었다. 폭동은 인근의 코리아타운으로 확산되었다. TV 화면에 상가를 지키려고 총을 든 한인 교포들의 모습이 나타났다. 주류 언론은 1년 전 한인 업주가 흑인 10대에게 총격을 가한 사건을 계속 언급했다. 마치 폭동의 배경에 흑인-한인 갈등이 있는 것처럼

비쳤다. 6일간 계속된 폭동은 캘리포니아주 방위군과 연방군이
투입된 후에야 끝이 났다.

폭동으로 63명이 사망하고 2,383명이 부상당했으며 1만
2,000명 이상이 체포되었고 재산 피해는 10억 달러 이상으로
추산되었다. 이것이 미국 역사상 최악의 흑인 폭동으로 기록된
1992년 LA 폭동이다.

남북 전쟁 이후 '대이주' 한 흑인들

1992년 LA 폭동은 처음 있는 사건이 아니었다. 유사한 사건들이
그 이전에도 있었고, 그 이후에도 끊임없이 발생했디. 2020년 5월
에는 조지 플로이드 사건으로 미국 전역에서 폭동이 일어났다. 미
네소타주 미니애폴리스에서 백인 경찰들이 20달러 위조지폐를
사용했다는 혐의로 조지 플로이드를 체포하는 과정에서 그 흑인
청년이 숨을 거둔 사건이다. 플로이드는 무릎이 꿇려진 채 목과
등에 9분 29초 동안 압박을 받아 질식사했다. 소식이 알려지자 미
국 전역에서 시위가 발생했고, 폭력, 폭동, 약탈, 살인, 방화 사건
이 뒤따랐다.

경찰의 강압적이고 무자비한 행동이 미국 내에서 큰 반향을
일으킨 가장 결정적인 이유는 그 대상이 흑인이라는 데 있다. 흑

백 간의 갈등은 미국에서 어제오늘의 문제가 아니다. 식민지 시대, 흑인 노예가 지금의 미국에 발을 들이는 순간부터 미국에서는 흑백 갈등이 끊이지 않았다. 그 절정이 미국 연방을 분단과 전쟁으로 몰아간 남북 전쟁이다.

남북 전쟁으로 노예는 해방되었지만 남부의 흑인들은 헌법에 보장된 자유롭고 평등한 시민으로서의 삶을 누리지 못한 채 사실상 노예나 마찬가지로 살아야만 했다. 그뿐만 아니라 쿠 클럭스 클랜KKK과 같은 백인 인종 우월주의자들과 그들을 옹호하는 백인 관료들, 주민들의 인종 차별과 폭력에 희생당하기 일쑤였다.

남북 전쟁 이후 반세기 만에 남부 흑인 사회에 변화가 일기 시작했다. 흑인들이 남부를 떠나기 시작한 것이다. 미국의 제1차 세계 대전 참전을 계기로 수많은 남부의 흑인이 일자리가 풍부한 북부, 중서부, 서부의 도시로 이주하기 시작했다. 그 수가 100만 명 이상이었다. 이를 '대이주Great Migration'라고 한다. 1910년부터 1920년까지 10년 동안 북부 주요 도시의 흑인 인구는 큰 비율로 증가했다. 몇몇 도시의 증가율을 보면, 뉴욕 66%, 시카고 148%,

> ### ★ 쿠 클럭스 클랜(KKK)
>
> 1865년 남북 전쟁 이후 미국 남부에서 결성된 백인 우월주의 극단주의 단체. 흑인, 유대인, 가톨릭교도, 이민자 등 소수 인종과 종교에 대한 혐오와 차별을 기반으로 폭력과 테러 행위를 일삼았다. 1920년대 회원 수가 400만 명에 달하며 전성기를 누렸지만, 시민권 운동의 확산과 연방 정부의 단속으로 점차 쇠퇴해 현재는 소규모 조직으로 활동하고 있다.

필라델피아 500%, 디트로이트 611%였다. 이러한 추세는 제2차 세계 대전 기간에 더욱 폭발적으로 가속화되었고, 대이주의 숫자는 600만 명 이상이 되었다. 그리고 전쟁 이후에도 대이주는 계속되었다.

흑인은 도심, 백인은 교외
흑백 분리의 시작

그렇다면 북으로 이주한 흑인들이 차별과 편견이 없는 새로운 삶을 살 수 있었을까? 경제적으로는 더 나은 삶을 살 수 있었다. 주로 남부에서 소작인으로 살던 흑인들이 소득이 몇 배 이상인 공장에서 일을 하게 되었으니 소득 면에서는 나았다. 하지만 실질적인 삶은 별다른 차이가 없었다. 무엇보다도 주거비 등의 생활비가 만만치 않았기 때문이다. 그들은 주거비가 저렴한 도심 지역에 몰려서 살게 되었고, 흑인 밀집 거주 지역은 슬럼화되기 시작했다. 원래 슬럼은 19세기 산업 혁명에 따라 가난한 유럽 이민자들이 뉴욕과 같은 대도시에 거주하면서 생겨난 미국의 대표적인 빈민촌이었는데, 이제 그 슬럼의 주 거주자가 흑인으로 바뀌었다.

백인들은 흑인들 때문에 도시가 황폐해진다고 불평하며, 주택과 고용 등에서 흑인들을 차별했다. 하지만 도심으로 몰려드는 흑인들의 숫자는 갈수록 늘어났고, 백인 거주민들은 하나둘씩 도심을 떠나 근교로 이주하기 시작했다. 도심 인구의 흑인화에 따른 정치적, 경제적, 문화적 이해관계와 맞물려서 흑백 간의 갈등이 증폭되었다.

크고 작은 인종 간의 폭력 사태가 빈번해지더니, 결국 1943년 여름, 뉴욕과 LA를 비롯해서 5개의 도시에서 대규모 흑백 인종 폭동이 발생했다. 대표적인 곳이 미시간주의 디트로이트였다. 디트로이트 폭동으로 총 35명이 목숨을 잃었는데, 그중에 25명이 흑인이었다. 사망한 흑인들 대부분은 백인 경찰의 무자비한 진압으로 목숨을 잃었다.

1965년 8월에는 로스앤젤레스 흑인 거주 지역인 와츠에서 대규모 인종 폭동이 발생했다. 백인 경찰이 음주 운전으로 의심되는 흑인 운전자를 체포하는 과정에서 경찰과 흑인 주민들 간의 대치 상황이 발생하더니 이내 폭동으로 번졌다. 폭동은 6일간이나 계속되었고, 34명이 사망하고 1,000명이 넘는 부상자가 발생했으며, 4,000만 달러 이상의 재산 피해가 발생했다. 와츠 폭동은 앞에서 얘기한 1991년 LA 폭동의 전주곡인 셈이다. 그리고 불과 2년 뒤인 1967년, 디트로이트에서 또다시 폭동이 발생했다. 폭동은 5일간이나 지속되었으며, 당시까지 미국 역사상 가장 파괴적인 인종 폭동으로 기억되었다. 43명이 사망하고 342명이 부상당했으며 약 1,400개의 건물이 불에 탔다. 사망자 중 33명이 흑인이었다.

편견과 차별을 넘어
화합의 길을 찾다

민권 운동이 시작된 지 수십 년이 지난 지금도 흑백 갈등은 사그라지지 않고 있다. 오랫동안 흑백 갈등과 흑백 분리의 대표적인 도시로 여겨진 디트로이트의 상황을 보면 이러한 추세를 쉽게 확인할 수 있다. 현재 디트로이트시 인구는 흑인이 80%인 반면, 도시와 경계를 공유하는 교외 지역인 그로스포인트 인구는 90%가 백인이다. 디트로이트 도심에 위치한 공립 학교들은 교육의 질과 환경 면에서 미시간주에서 최악으로 평가받지만, 그로스포인트 학교들은 최고로 평가받는다.

도시에 따라 약간의 차이는 있지만 디트로이트의 상황은 미국 대도시의 공통된 상황이다. 도심은 가난한 흑인들이 밀집해서 거주하고 있고, 백인들은 물론이고 아시아인들과 같이 경제적으로 성공한 소수 민족들은 도심을 빠져나와 교외에 거주한다. 아시안들과 멕시칸들은 갈수록 '백인화'되고 있다. 1992년 LA 폭동에서 한인 타운이 폭풍의 눈으로 등장한 것은 이러한 현상과 무관하지 않다.

흑백 분리와 갈등이 계속되는 상황에서 흑인에 대한 경찰의 과잉 진압이 끊이지 않고 발생하고 있다. 이는 "과연 미국이 흑백 갈등을 해결할 수 있는가?"라는 근본적인 의문을 제기하고 있다.

버락 오바마, 최초의 흑인 대통령이 임기를 마친 시점에 여론 조사 전문 기관 퓨 리서치 센터에서 흑백 인종 문제에 대한 조사 결과를 발표했다. 결과는 오바마 행정부의 노력에도 불구하고 흑인에 대한 편견과 차별에 근거한 인종주의는 여전하다는 것이다. 더 어두운 결과는 흑인들의 절반 정도는 이런 상황이 앞으로도 '결코' 개선되지 않을 것이라고 답했다는 점이다. 물론 백인들이 '결코' 개선의 여지가 없을 것이라고 답한 비율은 11%로 상대적으로 낮았지만, 인종 편견과 차별을 직접 겪고 있는 흑인들이 미래를 절망적으로 보고 있다는 점은 흑백 갈등이 개선될 여지가 크지 않다는 점을 시사한다.

결국 흑백 문제는 개선의 가능성 없이 미국을 파국으로 몰아갈 시한폭탄이 될 가능성이 크다. 로드니 킹 사건과 조지 플로이드 사건 같은 일이 동시다발적으로 발생해서 인종 폭동이 전국적으로 확산되고 격화된다면 미국은 크나큰 위기에 직면할 것이다.

이러한 불상사를 막을 방법은 무엇일까? 퓨 리서치 센터의 보고서에서 하나의 힌트를 찾아볼 수 있다. 백인 57%와 흑인 45%가 인종과 민족 간의 차이점보다는 공통점에 초점을 맞춰야 한다고 답했다. 보고서는 단순히 통계만을 제시했지만, 이 통계가 시사하는 점은 의미심장하다. 흑백 간의 사회적, 경제적, 교육적, 문화적인 차이는 분명히 존재하지만, 그 차이로 인한 편견과 차별을 해결하며 평등한 사회를 구현하려는 노력은 계속되어야 한다. 중요한 것은 차이에 따르는 부정적인 이미지를 부각하기보다는, 같은 미국 시민으로서 공유하는 가치와 문화의 긍정적인 부분을 부각해야 한다는 사실이다. 빛이 커질수록 어두움은 작아지는 법이다.

1 미국 역사상 최악의 흑인 폭동으로 기록되는 폭동은 무엇인가요?

2 남북 전쟁 이후 남부 흑인들이 북부 도시로 이주한 현상은 무엇이며, 어떤 결과로 이어졌나요?

3 '민권 운동'이란 무엇인지 찾아보세요. (현대사)

"E Pluribus Unum!"

미국 정부의 문장紋章에 새겨진 표어이다. '여럿으로 구성된 하나'라는 뜻으로 미국이 다문화 국가임을 나타낸다.

미국은 이민자의 나라이다. 미국인들의 가계도를 살펴보면 누구나 그들의 선조가 미국으로 이주한 사람이라는 것을 알 수 있다. 미국인들은 종교적이든 경제적이든 아니면 사사로운 개인적인 이유에서든 더 나은 삶을 위해 미국으로 건너온 사람들이거나 그 후손들이다.

그래서 미국을 대표하는 문화는 다문화주의multiculturalism이다. 인종과 민족 그리고 정치적 성향에 따라 다문화주의는 다른 결로

와닿지만, 미국의 국가 정체성에서 빠질 수 없는 부분이다. 세계 역사에서 서로 다른 인종, 민족, 종교 등이 뒤섞여서 성공적인 국가를 형성한 경우가 드물다. 최근의 역사만 보더라도 그것은 명백하다. 소련 해체 이후 동부 유럽의 상황을 보면 다문화주의가 성공적으로 정착하기가 얼마나 힘든지를 알 수 있다. 그뿐만 아니라 다문화주의는 비극의 온상이 되곤 한다. 우크라이나 전쟁이 그것을 잘 보여주며, 그 이전에 발발했던 보스니아 전쟁도 마찬가지이다.

미국의 다문화주의는 성공할 수 있을까? "E Pluribus Unum!"은 흔들림 없이 미국을 지탱하는 슬로건으로 남을 수 있을까?

인종 편견에 근거한
반이민 정서의 역사

2016년에 '트럼프 돌풍'이 몰아치더니 2024년 선거에서 그 돌풍이 되돌아왔다. '미국을 다시 위대하게' 슬로건은 미국의 정체성이 무엇이며 미국의 진정한 주인이 누구인가에 대한 해묵은 질문을 다시 소환한다. 무엇이 '미국'이고 어떻게 그 미국이 다시 '위대'하게 될 수 있는가 하는 물음은 "E Pluribus Unum!"이 과연 계속해서 미국의 표어가 되어야 하는가 하는 물음이기도 하다.

'미국을 다시 위대하게'는 미국 역사에서 끊임없이 반복되었다. 물론 슬로건이 똑같지는 않았지만 거의 동어 반복이었으며 지향점이 같았다. 19세기 중반 아일랜드 이민자들이 밀어닥치자 앵글로색슨 개신교도들을 중심으로 대대적인 반아일랜드, 반가톨릭 운동이 일어났다. 이러한 사회적 분위기에서 '미국당'이라는 새로운 정당이 창설되었다. '미국당'이라고 당명을 지은 이유는 진짜 미국인들을 위한 미국을 만들고 싶어서였다. 그들이 말하는 '진짜 미국인'은 바로 '와스프WASP', 즉 백인 앵글로색슨 개신교도들이었다.

남북 전쟁 이후에도 와스프의 '미국을 다시 위대하게' 만들려는 움직임은 거세었다. 미국의 폭발적인 산업화로 인해서 일자리가 넘쳐나자 이민의 홍수가 밀어닥쳤다. 아일랜드뿐만 아니라 이탈리아를 비롯한 동부 유럽 지역에서 많은 사람이 '아메리칸드림'을 꿈꾸며 미국으로 건너왔으며, 이 중에는 유대인들도 포함되었다. 남쪽에서는 멕시코를 비롯한 중남미 지역의 사람들이, 태평양 너머에서는 중국인을 선두로 아시아인들이 미국의 서부 해안 지역에 정착했다.

기존의 와스프들은 새로운 이민자들과 그들이 가져온 문화가

> **★ 와스프(White Anglo-Saxon Protestant, WASP)**
>
> 유럽, 특히 영국계 개신교도 후손들을 지칭하는 말. 미국 건국 초기부터 정치, 경제, 사회, 문화 등 미국 사회 전반에 걸쳐 지배적인 영향력을 행사해왔으며, 오랫동안 미국 상류층의 대명사로 여겨졌다. 미국 대통령과 <포춘> 500대 기업 CEO의 상당수가 와스프 출신이었지만, 현재는 그 비율이 줄어드는 추세이다.

그들만의 미국 문화를 오염시킨다고 단정하고 갖가지 방법으로 이민자들의 영향력을 차단하려고 했다. 1920년대와 1930년대 초반까지 미국 사회를 혼란으로 몰아간 금주법의 배경에는 아일랜드인과 이탈리아인들을 비롯한 가톨릭계에 대한 반감이 크게 작용했다. 술을 좋아하는 그들의 문화가 근면, 성실의 대명사인 와스프 문화를 오염시킨다고 판단했기 때문이다. 또한 미국 내에서 정체불명의 전염병이 돌면 그것을 '황열병Yellow Fever'이라고 했다. '옐로우'는 중국인을 포함한 아시아인을 비하하는 말이었다. 반중국인 정서가 확산되면서 결국 1882년 미국 의회는 '중국인 이민 금지법'을 통과시켰다. 인종 편견에 근거한 미국 최초의 노동 이민 금지법이었다.

반이민 정책은
어떻게 시작되었나?

미국은 와스프가 원하는 방향으로만 가지는 않았다. 20세기 초반부터 일기 시작한 혁신주의 운동으로 말미암아 서로 다른 문화가 미국이라는 거대한 용광로에서 녹여져서 새로운 미국을 탄생하게 만들어야 한다는 목소리가 커지기 시작했다. 다른 인종, 민족, 종교를 배척하지 않고 그것이 '융화'되면서 미국의 문명이 발전해야 한다는 것이다.

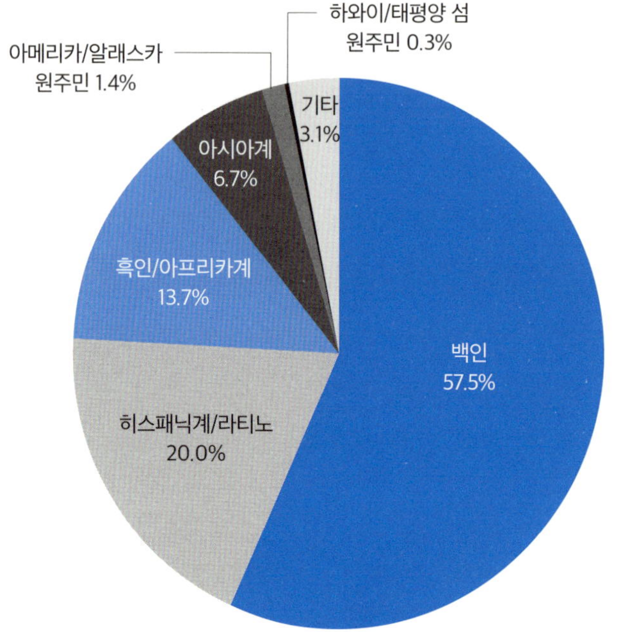

시간은 점차 다문화주의자들의 편이 되어갔다. 1960년에는 미국 역사상 최초로 가톨릭 신자가 대통령에 당선되었다. 존 F. 케네디의 승리는 150여 년간 지속된 반가톨릭주의에 종지부를 찍는 순간이었다. 1960년대 중반에는 민권법이 통과되어 미국 사회에서 인종 차별을 법적으로 금지했으며, 새로운 이민법으로 인종이나 국적에 근거해서 이민자를 차별하는 것을 금지했다.

  그런데 1965년 이민법이 통과될 당시에는 히스패닉계와 아시아계에 대한 경계심이 크지 않았다. 중남미와 서인도 제도 등에서 건너온 히스패닉계 미국인들은 전체 미국 인구에 불과 4% 정도였기 때문이다. 아시아계는 1% 미만이었다. 하지만 시간이 가면서 히스패닉계 인구는 폭발적으로 늘어났다. 미국 인구 조사국에 의하면 2025년에 히스패닉계는 20.0%로 13.7%의 흑인 인구를 앞질렀다. 같은 해에 아시아계 역시 6.7%로 치솟았다.

  폭발적으로 증가하는 히스패닉계가 미국 다문화주의에 주요한 변수가 되었다. 1990년대 초부터 히스패닉계를 겨냥한 반이민 운동이 전국적으로 확산되었고, 대통령 선거 때마다 히스패닉계 이민이 주요 이슈로 떠오르기 시작했다. 19세기 내내 정치적으로 주요 이슈였던 유럽의 가톨릭계 이민자들에 대한 경계심이 20세기 후반에 와서는 히스패닉계로 대체된 셈이다.

  히스패닉계의 이민에서 가장 큰 이슈는 불법 이민자 문제이다. 특히 멕시코에서 건너오는 불법 이민자들이 전체 불법 이민자의 39%를 차지하므로(2021년 기준) 미국-멕시코 국경에 장벽을 세워 불법 이민을 차단해야 한다는 주장이 정치적 이슈로 꾸준히 제기되고 있으며, 대통령 선거 때만 되면 이 문제가 더욱 크게 부각되었다. 2016년 대선에서 트럼프가 대선 출마를 선언하며 가장 크게 내세운 공약이 불법 이민을 막겠다는 것이었다.

  이때 트럼프는 히스패닉계뿐만 아니라 이슬람교도들을 겨냥한 반이민 정책을 선거 캠페인의 주요 공약으로 내세웠다. 그는 히스패닉계나 이슬람교도 불법 이민자들의 상당수가 범죄자 경력을 가졌다고 서슴없이 말하면서 미국 내에 잠재하는 반이민 정서에 불을 지폈다.   .

극우 보수 세력이 반이민 정책을 펴는 이유

아시아계는 미국에서 가장 성공적으로 정착하고 있는 소수 민족이다. 높은 교육열과 근면, 성실함으로 소수 민족의 이민 성공 신화를 대표하는 본보기가 되었다. 오바마 대통령은 재임 기간에 특히 한국 이민자들의 성공 신화를 거듭 거론하며 미국 다문화주의의 모델로 치켜세웠다. 히스패닉계 역시 빠른 속도로 미국 주류 사회에 진입하고 있다. 최근의 통계에 의하면 히스패닉계 미국인들 중에서 중산층에 진입한 비율은 50%에 근접하고 있다.

무슬림 이민자들도 미국 내에서 성공적으로 정착하고 있다. 현재 중동이나 북아프리카 출신 이민자들은 전체 인구의 1% 정도로 미국의 정치, 사회, 문화에서 큰 변수가 되지는 못하지만, 주유소와 마트 등 소상공업에서 성공하며 빠르게 중산층에 진입하고 있다.

그렇다면 왜 트럼프나 미국의 극우 보수 세력은 반이민 정책을 들고 나올까? 정치적인 이유 때문이다. 이민 문제는 1980년대 낙태 반대 운동을 시작으로 동성 결혼, 총기 규제 등의 사회적인 이슈와 함께 보수-진보 간 진영 대결의 주요 쟁점으로 떠올랐다.

이민 문제와 관련된 다문화주의는 미국 역사 내내 끊이지 않는 쟁점이었다. 지금도 그 연장선에 있다. 과거부터 그랬듯이 미국의 다문화주의는 끊임없는 논란의 대상이겠지만, 결국은 성공적으로 정착할 가능성이 크다.

그럼에도 불구하고 미국 다문화주의의 미래를 마냥 장밋빛으로 조망할 수는 없다. 바로 흑인 때문이다. 미국 역사에서 소수 민족들은 시간이 가면서 미국 사회에 적응하고 받아들여졌다. 아일랜드인들이 그랬고, 유대인들이 그랬으며, 아시아인들이 그랬다. 히스패닉도 점진적으로 미국의 주류에 편입되고 있다. 하지만 흑인들은 낮은 교육 수준을 비롯한 여러 사회적 여건 때문에 여전히 사회의 밑바닥에 위치하고 있다. 상당수의 흑인이 도시 빈민가에 거주하면서 사회 보장 제도에 의존하고 있다. 미국 소수 민족 중에서 빈곤의 대물림이 가장 심한 곳이 흑인 사회이다.

최근 조사에 의하면 흑인의 75%는 인종주의가 현재 미국의 문제라고 생각한다. 이는 백인 41%보다 월등히 높은 수치이다. 그만큼 흑인들이 피부로 체감하는 인종 편견이 높다는 얘기이다. 미국 사회에 대한 흑인들의 불만이 갈수록 증폭될 가능성이 높다. 만약 어떤 사건을 계기로 이 불만이 전국적으로 확산한다면, 이는 미국 다문화주의는 물론이고 미국 문명에 치명적인 타격이 될 것이다.

1 미국 정부 문장에 새겨진 라틴어 표어 "E Pluribus Unum!"은 무
슨 뜻인가요?

2 1882년 미국 의회가 통과시킨, 인종 편견에 근거한 최초의 노동 이
민 금지법은 무엇인가요?

3 '다문화주의'란 무엇인지 찾아보세요. **(문화와 다양성)**

펜실베이니아주 필라델피아의 북동부에 위치한 켄싱턴 애비뉴의 모습은 충격적이다. 빛바래고 낡은 건물들 주변에 슬로 모션 상황극을 하는 듯 기괴한 동작을 하는 사람들이 가득하다. 몸을 제대로 가누지 못하는 영화 속의 좀비들 같다. 그래서 켄싱턴 애비뉴는 '좀비의 거리'로 불린다. 이것이 미국 독립 선언문이 선포된 독립 기념관이 있고, '자유의 종'이 있는 유서 깊은 필라델피아의 현재 모습이라니 믿기지 않는다. 게다가 켄싱턴 애비뉴는 18세기와 19세기에 필라델피아의 상업 중심지였다. 미합중국의 시작이자 미국 번영의 중심지였던 이곳이 지금은 마약 중독자들의 거리가 되고 말았다.

필라델피아의 '좀비의 거리'는 단지 필라델피아의 문제만이 아니다. 메릴랜드주 볼티모어, 미주리주 세인트루이스, 미시간주 디트로이트 등의 모습도 이와 별반 다르지 않다. 대부분의 미국 대도시는 약물 남용과 마약 밀매 관련 범죄로 몸살을 앓고 있다. 현재 미국 전역의 교도소에 190만 명이 수감 중인데, 5명 중 1명이 마약 관련 범죄자다.

미국은 매년 10만 명 이상이 마약과 약물 남용으로 사망한다. 지난 40년 동안 약물 과다 복용으로 인한 사망자 수는 매년 9%씩 늘어났는데, 8년마다 약 2배씩 기하급수적으로 증가했다. 약물 과다 복용으로 사망한 사람은 총격 사건 사망자의 8배, 교통사고 사망자의 3배에 달한다. 마약 중독자들은 가족과 분리되고 취업, 복지 지원, 공공 주택의 입주권, 투표권 등의 기회를 박탈당한다. 이는 빈부 격차와 인종 차별을 더욱 심화시키고 있다. 최근에는 마약 중독으로 사망하는 청소년의 숫자가 급속히 증가하면서 미국의 미래를 암울하게 한다. 혹자는 미국을 파국으로 몰아갈 최악의 '미국 병'이 마약이라고 한다. 미국은 어쩌다 이런 지경에 이르렀을까? 마약은 어떻게 미국을 파국으로 몰아가고 있으며, 그 해결책은 없을까?

마약은 어쩌다
청년들의 문화가 되었나?

통증에서 벗어나고 싶다는 인간의 욕망은 본능적이다. 그것이 신체적 고통이든 정신적 고통이든 인간은 고통을 진정시키기 위해 갖가지 방법을 찾아왔다. 그중에 양귀비의 즙액을 굳히거나 가공한 아편은 미국에서도 인기가 많았다. 19세기 초반부터 의사들은 생리통을 비롯한 여러 통증, 신경 장애는 물론이고 히스테리, 불안, 우울증과 같은 증상에도 아편을 처방했다. 아편은 일종의 진통제로서 미국 사회에서 광범위하게 사용되었다.

아편에 대한 경계심이 일기 시작한 것은 19세기 중반 이후 중국인 노동자들 때문이었다. 철도 건설을 위해 들어온 중국인 노동자들이 관행적으로 아편을 흡입하자, 백인 미국인들이 아편을 부정적으로 보기 시작했다. 당시 캘리포니아를 중심으로 확산되고 있던 반중국인 정서와 맞물려서 반아편 운동이 전개되었다. 이때부터 아편이 질병을 고치기 위한 건전한 의학적 수단이 아니라 사악한 범죄의 온상이라는 부정적인 이미지가 부각되었다. 1875년 샌프란시스코는 조례를 제정해서 시 경계 내에서 아편 흡입을 금지시켰다.

20세기 초에 들면서 미국 내 아편 중독이 줄어들자, 헤로인 중독이 급속도로 증가하기 시작했다. 19세기 내내 '신의 약'으로 불린 모르핀이 과다 복용으로 심각한 사회적 문제가 되자, 19세기 말에 그 해결책으로 헤로인이 등장한 것이다. 1895년 독일 바이엘사에서 제조한 헤로인을 사람들은 모르핀 중독을 해결할 '영웅hero'으로 받아들였다. 그래서 약의 이름도 헤로인Heroin으로 지은 것이다. 하지만 헤로인 역시 미국을 중독시켰다. 북부 산업 슬럼가를 중심으로 헤로인 중독이 심각해지자, 미국 정부는 1914년 헤로인을 의사의 처방전이 필요한 전문 의약품으로 규정했고, 1924년 사용을 전면적으로 금지했다.

하지만 헤로인 중독은 쉽게 사라지지 않았다. 1930년대와 1940년대 뉴욕 등 대도시 흑인 빈민가를 중심으로 헤로인 중독이 만연했다. 1950년대에 들어서면서 비트족 사이에 헤로인 중독이 확산되었다. 이들은 전후 미국의 풍요로운 물질문명 속에서 기성세대와 질서에 반발하며 저항 문화를 전개하던 젊은이들이었다. 이 기간에 미국으로 유입된 헤로인의 주요 공급원은 프랑스 마르세유의 코르시카 갱단들과 시칠리아 마피아였다. 이들은 '프렌치 커넥션'으로 불리는 마약 밀수 루트를 통해 마약을 미국으로 유입시켰다. 헤로인은 이제 단순한 치료제를 넘어 마피아가 개입된 범죄의 온상이 되면서 심각한 사회적 문제로 떠올랐다.

★ 비트족

1950년대 미국에서 기존 사회 규범과 가치관에 반기를 들고, 자유와 자기표현을 추구한 젊은 세대. 이들은 재즈 음악, 자유로운 성(性) 그리고 동양 철학에 관심을 가졌으며, 1960년대 히피 문화의 선구자 역할을 했다.

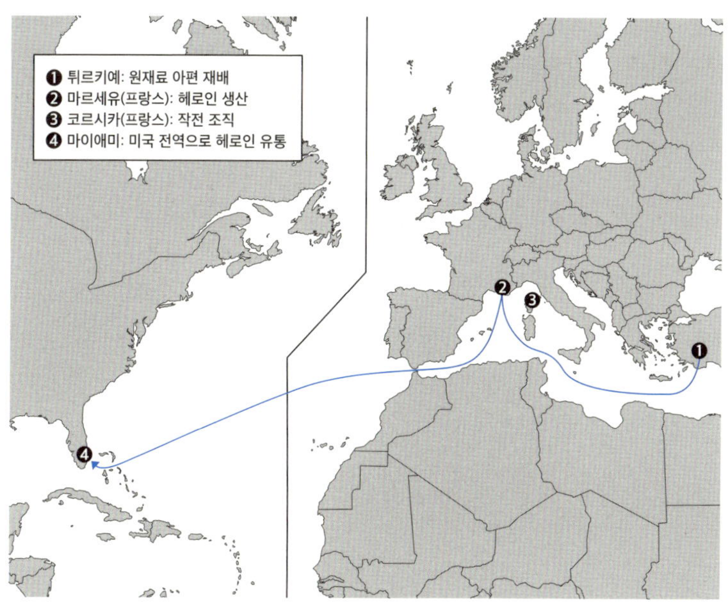

이러한 추세는 1960년대 히피 문화도 대표되는 반문화 운동이 더해지면서 더욱 가속화되었다. 1960년대의 반문화 운동은 이전의 비트족 문화를 이어받아 전통적인 권위와 사회적 규범을 거부하는 사회 및 정치 운동이었다. 미국 내 인종적, 민족적, 정치적 불의에 대한 저항 운동을 히피족이 주도했다. 강력한 환각제인 LSD를 비롯한 마약이 히피족에게 인기를 끌면서 반문화 운동을 전개하는 젊은이들에게 마약은 일종의 시대적 '훈장'이 되어갔다. 특히, 1967년 샌프란시스코에 10만 명의 히피들이 운집했던 문화적 사건인 '사랑의 여름' 이후 그런 인상이 더욱 짙어졌다. 이때부터 반문화 운동이 '성 해방, 마약, 로큰롤'로 정의되면서 마약은 젊은이들의 문화로 더욱 굳건히 자리를 잡게 되었다. 또한 '사랑의 여름'은 마약에 비해 순하고 중독성이 약한 물질로 여겨지던 마리화나가 급속도로 대중화되는 계기가 되었다.

마약 합법화와
청소년 중독 확산

이후 미국 내에서는 인권과 자유를 내세우며 마리화나의 합법화를 요구하는 목소리가 커져갔다. 1980년대 들어 중남미 등지에서 들어오는 코카인 남용 문제가 심각해지면서 마리화나 합법화에 대한 요구가 약해졌지만, 1990년대 이후 마리화나는 물론 마약 합법화에 대한 목소리가 다시 높아졌다. 정부 차원에서도 마리화나 및 마약의 합법화를 검토하기 시작했다. 정부는 마약이나 마리화나를 합법화하면 마약의 불법 유통을 근절할 수 있다고 판단했고, 경제적인 요인도 고려했다. 상당한 세수를 창출할 수 있을 것으로 판단한 것이다. 여기에는 대형 제약 회사들의 로비가 크게 작용했다. 2014년 콜로라도주에서 마리화나가 합법화되었다. 현재 24개 주에서 21세 이상의 성인은 합법적으로 마리화나를 구입할 수 있다.

마약의 종류와 주요 특성

종류	원료	형태	주요 효과	중독성
마리화나	대마 식물	건조 잎, 오일	이완, 흥분	낮음-중간
아편	양귀비	수액, 가루	진통, 도취감	높음
헤로인	아편(모르핀)	가루, 주사액	강한 도취감	매우 높음
코카인	코카 나무 잎	가루	흥분, 각성	높음
오피오이드	합성/반합성	알약, 패치	진통	높음
펜타닐	합성	패치, 주사액	매우 강한 진통	매우 높음

마리화나 합법화 논쟁이 한창일 때, 제약 회사들은 "오피오이드는 무해하다"라는 광고를 하기 시작했다. 오피오이드는 주로 심한 통증을 치료하기 위해 처방되었는데, 특히 펜타닐은 합성 오피오이드계의 대표적인 마약으로 떠올랐다. 마리화나와 같이 식물에서 추출한 전통적인 마약과 달리 펜타닐은 화학 합성으로 제조된 약으로, 합법적으로 병원에서 처방받아 약국에서 살 수 있는 마약이다.

2000년 이후 미국에서 약물 과다 복용으로 사망한 사람은 100만 명이 넘으며, 매주 1,500명 이상의 미국인이 오피오이드 복용으로 사망하고 있다. 그중 대부분은 불법 합성 오피오이드인 펜타닐에 의한 사망이다. 펜타닐 과다 복용은 18~45세 미국인의 주요 사망 원인이며, 사망자 수는 2021년에만 8만 411명으로 9.11

테러 이후 이라크와 아프가니스탄 전쟁에서 사망한 미군 사망자 수의 10배가 넘는 수치다. 오피오이드는 미국 역사상 최악의 마약 위기를 불러왔다.

최근에는 펜타닐로 인해 사망하는 청소년이 증가하고 있다. 2019년부터 2021년까지 10~19세 청소년의 펜타닐 과다 복용은 거의 2배로 증가했다. 소셜 미디어로 쉽게 불법 약물을 구매할 수 있기 때문에 청소년의 펜타닐 중독은 갈수록 증가할 가능성이 높다.

미국을 파국으로 몰아갈
'미국 병'의 해결책은?

1971년 6월 17일 리처드 닉슨 대통령은 백악관 브리핑 룸에서 기자 회견을 열어 "마약과의 전쟁"을 공식적으로 선포했다. 이 기자 회견 이후 미국은 대통령의 지시에 따라 연방, 주, 지방 정부를 중심으로 전방위적인 마약 단속을 개시했다. 이후 미국은 약물 남용 및 정신 건강 서비스국[SAMHSA], 마약 단속국[DEA], 보건 복지부[HHS] 등 다양한 기관을 통해 약물 남용 예방, 치료 및 단속 활동을 계속하고 있다. 마약 단속국의 2024년 예산은 26억 6,000만 달러(약 3조 7,000억 원)였으며, 약 1만 명의 직원이 고용되었다. 1973년 창설 당시 총 예산 6,500만 달러, 직원 3,000여 명이던 규모에 비하면

엄청난 예산과 인원을 투입해 마약 범죄를 단속하고 있는 것이다.

안타깝게도 정부 차원의 마약 단속은 별다른 효과를 보지 못하고 있다. 2020년 이후 연간 10만 명 이상이 약물 과다 복용으로 사망하는데, 그중 약 3분의 2가 펜타닐과 관련 있다. 이는 마약이 한창 유행하던 1988년보다 10배 이상인 사망자 수이다. 세계 인구의 5%밖에 되지 않는 미국이 세계 펜타닐 사망자의 80%를 차지하고 있다.

펜타닐을 만드는 데 필요한 거의 모든 전구체 화학 물질은 중국에서 생산된다. 이 중국 회사들은 가짜 반송 주소를 사용하고 제품을 눈치채지 못하게 가짜 라벨을 붙여서 수출하기 때문에 미국 마약 단속국이 쉽게 식별하지 못한다. 또한 대부분의 중국 불법 펜타닐은 멕시코 마약상을 통해서 미국 내로 밀반입되기 때문에 차단하는 데 한계가 있다. 미국에서는 중국 당국에 좀 더 강력하게 단속해달라고 요청하고, 관련 중국 제품에 대한 관세를 높이

미국 마약 과다 복용 사망자

연도	사망자 수(명)
1990	8,400
2000	17,415
2005	29,813
2010	38,329
2015	52,404
2016	63,632
2017	70,237
2018	67,367
2019	70,630
2020	91,799
2021	106,699
2022	109,680

※자료: 미국 국립 약물 남용 연구소(NIDA)

고 있지만, 최근의 불편한 미중 관계 속에서 쉽게 해결될 기미가 보이지 않는다.

그렇다면 중국의 펜타닐을 근절하면 미국이 현재의 마약 문제에서 해방될 수 있을까? 전문가들은 그렇게 보지 않는다. 이미 마약은 미국 사회에 깊숙이 파고들었고, 수요가 있는 한 새로운 공급원이 생겨날 것이다. 코로나19 팬데믹은 오피오이드 유행을 더욱 확산시켰는데, 팬데믹으로 인해 공급망이 중단되고 사회적 거리 두기로 중개인을 통한 마약 거래가 쉽지 않았음에도 오피오이드 중독자는 급속히 늘어났다. 이는 마약을 원하기만 하면 어떤 방법으로든 구할 수 있다는 것을 보여준다.

마약 문제는 빈곤과 사회 소외 계층 문제들과 연결되어 있어서, 미국을 파국으로 몰아갈 '미국 병'으로 남을 가능성이 크다. 정부 차원의 노력은 물론이고, 개인과 가족, 전 사회 구성원이 대대적인 교육과 사회적 운동으로 문제를 극복하지 않는다면, 미국의 미래는 암울할 뿐이다.

1 헤로인(Heroin)의 이름은 어떤 영어 단어에서 유래했나요?

2 현재 미국에서 가장 심각한 마약 위기를 불러온 합성 오피오이드의 이름은 무엇이며, 어떤 계기로 확산되었나요?

3 '반문화 운동'이란 무엇인지 찾아보세요. (문화와 사회 변동)

세계 스포츠에서 손에 꼽을 만한 미스터리 중의 하나는 '스포츠의 왕' 또는 '지구에서 가장 인기 있는 스포츠'인 축구(soccer, 이후 '사커'로 표기)가 미국에서는 별로 인기가 없다는 것이다. 미국인들은 세계인이 즐기는 사커보다는 그들만의 축구, 즉 미식축구(American Football, 이후 '풋볼'로 표기)에 열광한다. 전 세계 텔레비전 시청률을 볼 때 국제 축구 연맹FIFA이 주최하는 월드컵은 올림픽보다 높다. 그만큼 월드컵 사커는 전 세계 사람들이 열광하는 세계적인 스포츠 이벤트이다. 하지만 유독 미국에서는 그 반대이다. 월드컵 시청률은 올림픽에 훨씬 미치지 못한다.

시청률로 따지면 한 시즌 프로 풋볼 리그NFL의 왕좌를 가리는

'슈퍼 볼' 경기가 미국에서 가장 많이 시청하는 이벤트이다. 해마다 미국에서만 1억 명 이상이 슈퍼 볼을 시청한다. 2024년 슈퍼 볼 시청자 수가 무려 1억 2,370만 명이었으니 미국 전체 인구의 약 3분의 1이 시청했다는 얘기이다. 경기 그 자체는 물론이고, 중간 휴식 시간에 벌어지는 공연과 엔터테인먼트는 풋볼 팬이 아니어도 모두가 기다리는 이벤트이다.

슈퍼 볼은 미국의 대표적인 명절인 추수 감사절 때보다 더 많은 사람이 한자리에 모여서 경기를 시청한다. 추수 감사절은 가족 단위의 축제이지만 슈퍼 볼은 가족은 물론 가까운 친지들이 함께 모여서 즐긴다. 스포츠 이벤트까지 명절에 포함시킨다면, 슈퍼 볼은 미국 제1의 명절인 셈이다. 슈퍼 볼은 전통적으로 매년 2월 첫째 일요일 저녁에 열리는데, 그날은 미국의 일상이 마비된다고 해도 과언이 아니다.

높은 시청률 덕에 슈퍼 볼 중계는 세계에서 가장 비싼 광고 무대이다. 2024년 2월 12일 라스베이거스에서 개최된 제58회 슈퍼 볼 광고는 30초당 700만 달러(약 97억 원)에 달했다. 자동차 광고 중에서 기아의 EV9 광고가 가장 주목받았다. 미국 종합 일간지 〈USA 투데이〉가 실시한 온라인 광고 선호도 투표에서 기아는 폭스바겐, 토요타, BMW를 제치고 자동차 브랜드 1위를 차지했다.

도대체 왜 미국인들은 전 세계인이 열광하는 사커보다 그들만의 풋볼에 열광할까? 풋볼 열기는 미국인들의 기질과 정체성에 대

2024년 2월, 제58회 슈퍼 볼 경기가 열린 라스베이거스 알레지언트 스타디움

해 무엇을 말해줄까? 이것은 미국 문명의 어떤 특징을 보여줄까?

풋볼을 함께 즐기며
공동체 의식을 형성한 미국인들

대부분의 스포츠는 최초로 만들어진 나라에서 가장 많은 사랑을 받는다. 사커는 영국에서 시작되었으므로 영국에서 가장 인기 있는 스포츠이다. 마찬가지로 미국에서 만들어진 풋볼은 미국에서 가장 인기가 높다. 19세기 중반부터 미국인들은 럭비와 사커가 혼합된 게임을 즐겼다. 그러다가 19세기 후반에 이르러 여러 규칙이 정비되면서 지금의 풋볼이 정식으로 탄생했다.

미국은 역사가 길지 않아서 미국인이라는 정체성이 만들어지기 어려웠다. 특히, 19세기 후반에는 이민자들의 홍수 속에서 수많은 인종적, 민족적, 종교적 배경의 사람들이 뒤섞였다. 스포츠는 이처럼 다양한 사람이 미국인이라는 공동체 의식을 갖게 하는 최고의 계기였다. 다양한 미국인은 비슷한 시기에 인기를 얻은 야구와 풋볼을 즐기면서 하나의 공동체 의식을 형성하기 시작했다.

풋볼은 미국인들이 일상에서 가장 익숙하게 접하는 스포츠이다. 그들은 어려서부터 집 뜰이나 공원, 학교 운동장 등지에서 틈만 나면 풋볼을 즐기며 자란다. 고등학교에서 가장 중요한 스포츠 이벤트는 같은 리그에 속한 경쟁 학교 팀과의 풋볼 경기이다. 대도시, 소도시 할 것 없이 학교 풋볼 경기는 그 도시와 마을의 자부심과 애향심을 고취하는 가장 중요한 스포츠 이벤트이다. 대학 팀들 간의 경기는 더더욱 그렇다. 라이벌 대학 간의 주말 풋볼 경기는 해당 대학을 넘어 그 지역민 전체의 자존심이 걸린 중요한 이벤트이다. 총장이 대학 행정을 잘못해서 경질되기보다 경쟁 대학과의 풋볼 경기에서 패배해서 경질되는 경우가 더 많을 정도이다.

이렇듯 익숙한 풋볼의 정서와 문화가 프로 리그에까지 계속된다. 그래서 풋볼은 미국에서 가장 인기 있는 스포츠이다. 물론 야구도 국민 스포츠로 자리를 잡았지만, 인기 면에서는 풋볼이 야구보다 높다. 모든 관심이 메이저 리그에 집중되는 야구에 비해 풋

NFL MVP를 총 4회 수상한 쿼터백 아론 로저스의 경기 모습

볼은 고등학교와 대학교 때부터 인기가 높기 때문이다. 학교 야구 팀의 주전 투수나 중심 타자보다 풋볼 팀 쿼터백의 인기가 훨씬 높다.

가장 싼 티켓 900만 원
가장 비싼 티켓 4,000만 원

미국인들이 사커보다 풋볼에 열광하는 또 하나의 이유는 미국의 자본주의와 깊은 관계가 있다. 미국에서는 어떤 스포츠든지 TV 광고 시간을 확보하지 못하면 인기를 얻을 수 없다. 사커는 전후반 각각 45분 동안 경기가 벌어지며, 중간에 15분의 휴식 시간이 주어진다. 이 휴식 시간 동안에만 광고가 들어갈 수 있다. 물론 광고 시간으로만 보면 15분은 길지만, 전반전이 끝나면 시청자들이 각자 볼일을 보거나 쉬므로 광고의 효과가 떨어진다.

풋볼은 평균 경기 시간이 3시간 24분이다. 전후반 두 번으로 나눠서 경기하는 사커와 달리 풋볼은 네 쿼터로 나눠서 경기를 진행하고, 사커 경기 시간의 2배 이상이다. 한 쿼터당 15분씩 총 60분이 소요되지만, 공격과 수비의 교체 시간, 타임아웃, 부상으로 인한 경기 중단, 즉각적인 리플레이 등으로 60분의 3배 이상이 걸린다. 특히 프로 풋볼 경기는 TV 광고 시간이 추가로 포함되어 경기 시간이 더욱 늘어난다. 사실 3시간이 넘는 총 경기 시간 중에서 순수하게 선수들이 경기하는 시간은 평균 18분에 불과하다.

1970년대 초부터 미식 풋볼 리그[NFL]가 메이저 리그 야구[MLB]를 제치고 미국에서 가장 인기 높은 스포츠가 되었다. 그 결정적인 이유는 TV의 등장이었다. 1950년대 TV의 등장과 함께 프로 풋볼 게임이 중계되면서 서서히 인기가 치솟기 시작했다. 인기가 높아지자 TV 회사는 NFL에 높은 중계권료를 주면서 중계방송 편수를 늘렸고, NFL은 TV 회사가 충분히 광고를 내보낼 수 있도록 경기 규칙을 변경해갔다. 그래서 NFL의 TV 중계권료는 미국 스포츠 중계 중에서 가장 높다. 현재 MLB의 시즌 중계권료는 약 2조 5,000억 원이지만, NFL은 무려 13조 8,000억 원 정도이다. 이는 세계에서 가장 높은 스포츠 중계료이다. 잉글랜드 프리미어 리그^{EPL}의 중계권료가 약 2조 9,000억 원이니 NFL의 규모를 상상할 수 있다. 미국 인구의 3분의 1이 슈퍼 볼을 시청하므로 그런 천문학적인 중계권료가 책정된 것이다.

관람 티켓을 구하는 것도 보통 사람들은 엄두를 낼 수 없다. 슈퍼 볼의 경우에 가장 싼 티켓이 900만 원 정도이며, 가장 비싼 티켓은 약 4,000만 원이다. 비공식적인 암표는 그보다 훨씬 비쌀 수밖에 없다. 2024년 슈퍼 볼 티켓의 평균 가격은 1,100만 원 정도였다.

미국인들이 열광하는 풋볼의 매력

마지막으로 미국인들이 사커보다 풋볼에 열광하는 이유는 사커에 대한 오랜 편견 때문이다. 미국인들은 어려서부터 사커는 '남자답지 않다'고 여겼다. 고등학교나 대학교에서 일반적으로 들을 수 있는 사커에 대한 발언은 '여자들을 위한 스포츠'라는 것이다. 실제로 남학생들보다는 여학생들이 더 사커를 즐긴다. 미국 여자 사커 대표 팀은 여자 월드컵에서 네 번이나 우승을 거머쥔 세계 최고의 팀이다. 반면에 남자 대표 팀은 월드컵에서 별다른 성적을 내지 못하고 있다. 1930년 월드컵에서 3위를 차지한 것이 가장 좋은 성적이었다.

미국인들은 사커가 풋볼에 비해 느리고 액션이 덜하며 선수들이 공을 앞뒤로 패스하는 지루한 게임이라고 본다. 또한 많은 사커 선수가 패널티킥을 유도하기 위해 심판을 속이거나 상대 선수를 퇴장시키기 위해 부상을 가장한다고 생각한다.

액션을 좋아하는 미국인들의 성향에 맞게 풋볼은 신체적 공격성을 고려하여 설계되었다. 머리부터 무릎까지 각종 보호 장비로 무장하지만 경기의 성격상 선수들은 심각한 부상을 입을 확률이 높다. 부상으로 수술대에 오르는 일이 다반사이며, 은퇴하고 수년이 지나도록 후유증으로 고생한다. 하지만 관중들은 선수들의 잦은 부상조차 경기의 일부로 보고 흥분한다. 풋볼은 강한 신체와 고도의 힘을 요구하기 때문에 NFL 선수의 평균 수명은 약 3.8년에 불과하다. 반면에 사커는 10년 이상이다.

또한 미국인들은 한번 경기에 들어가면 승부를 결정지어야 한다고 믿는다. 그래서 무승부가 흔한 사커에 매력을 크게 느끼지 못한다. 통계에 따르면 평균적으로 사커 경기의 14~20%가 무승부로 끝나지만, NFL에서는 무승부가 거의 나오지 않는다.

이 밖에도 기본적으로 미국인들은 스포츠를 즐기려고 한다. 전후반 각각 45분씩이나 뛰어다니며 경기하는 것보다는 수시로 공수 교대를 하며 여유를 갖고 경기하기를 좋아한다. 관중이나 TV 시청자들도 45분 동안 집중해서 보는 것을 부담스러워한다. 또한 미국인들은 학창 시절부터 풋볼과 치어리더들을 한 묶음으로 생각한다. 치어리더의 화려한 율동이 동반되지 않는 풋볼 경기는 상상하기 힘들다. 사커에는 치어리더가 없다.

라이벌 대학 간의 경기나 프로 리그 간의 경기는 '전쟁'이다. 하지만 그 전쟁에서 패배했다고 울분을 폭력적으로 표출하는 경우는 거의 없다. 영국이나 유럽, 남미권에서는 사커 경기로 인해 종종 폭력 사태가 벌어지지만, 미국의 풋볼에서는 이런 일을 찾아보기 어렵다.

미국의 풋볼은 미국에서 시작해서, 미국인이라는 정체성을 찾게 했고, 미국의 자본주의와 함께 성장했다. 또한 개인의 능력과 집단의 가치를 공유하며 미국적 민주주의를 보여주는 것이 풋볼이라고 할 수 있다. 운동장에서 각자 최선을 다해 뛰고, 규칙을 철저히 지키며, 절대적인 심판의 결정에 따라 패배를 받아들인다.

1 NFL 한 시즌의 왕좌를 가리는, 미국에서 가장 많이 시청하는 스포츠 경기의 이름은 무엇인가요?

2 풋볼 경기 총 3시간 24분 중 선수들이 실제로 경기하는 시간은 평균 몇 분이며, 그 이유는 무엇인가요?

3 미국에서 축구(사커)보다 미식축구가 더 인기 있는 이유를 정리해 보세요. **(스포츠와 문화)**

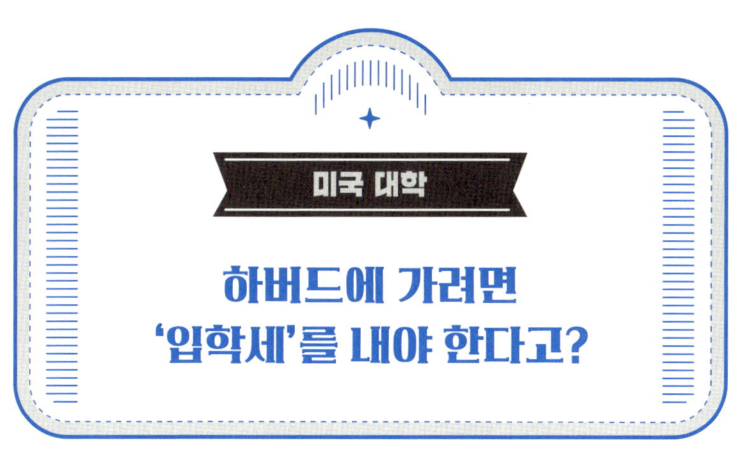

미국의 유명한 명문 사립대인 하버드에 입학하기 위해서는 어떤 조건을 충족해야 할까? 미국 대부분 대학과 마찬가지로 하버드 대학은 입학 서류에 자기소개서, 고등학교 성적, 추천서 등을 요구한다. 이 중에서 입학 위원회가 보는 중요도는 대학의 사정과 지원자에 따라 다르기 때문에 순위를 매기기 어렵다. 예컨대, 고등학교 성적 평균 평점GPA은 지원자 평균보다 낮더라도 학교 클럽 활동이나 자원봉사 경험 등으로 리더십이 탁월한 지원자는 입학에서 더 유리할 수 있다.

그렇다면 캘리포니아 주립 대학UC 시스템에 속한 버클리 대학에 입학하기 위해서는 어떤 스펙이 중요할까? 큰 틀에서는 하버드의 기준과 비슷하다. 자기소개서, 학업 성적, 추천서, 과외 활동 등이다. 하버드와 차이가 있다면 주립 대학이기에 캘리포니아주 거주 지원자는 타 지역 지원자들보다 약간 유리하다. 예컨대, 캘리포니아주 거주자에게 요구되는 최소 평점은 평균보다 낮다. 또한 버클리는 미국 내에서도 지원자의 리더십을 포함한 인성 부문을 높이 평가하는 대학으로 유명하다.

그런데 하버드나 버클리 입학 서류에서 이해가 가지 않는 부분이 있다. 우리나라 기준으로 보면, 중요한 한 가지가 빠져 있다. 바로 오랫동안 대학 입학을 위한 표준화 시험으로 치러지고 있는, 우리나라의 '수능'에 해당하는 SAT 점수가 빠져 있는 것이다. 현재 미국 대학의 80%는 SAT 성적을 입학 서류에서 '필수'로 요구하지 않는다. 미국 대학들이 왜 SAT를 포기하고 있는지를 살펴보는 것은 미국의 대학 교육뿐만 아니라 교육 시스템 전반을 이해하는 열쇠라고 할 수 있다.

아이비리그 대학과
SAT 시험의 역사

1901년, 북동부에 소재한 아이비리그 대학들은 표준 시험을 채택해서 입학 지원자의 능력을 판단했다. 시험의 형식은 주로 몇 가지 주제에 대한 논술 시험이었다. 이 표준 시험은 사실상 북동

아이비리그 8개 사립 대학

부 지역의 8개 사립 대학, 즉 하버드, 예일, 펜실베이니아, 프린스턴, 컬럼비아, 브라운, 다트머스, 코넬 대학을 위해서 만들어진 것이다. 이 학교들을 '아이비리그' 대학이라고 하는데, 건물들이 담쟁이넝쿨ivy로 무성하게 덮일 만큼 유서 깊은 학교들이고, 20세기 초부터 이 대학들이 스포츠 '리그'를 만들어 스포츠 교류전을 펼친 데서 그 이름이 유래했다.

아이비리그 대학들은 1926년에 최초로 실시된 SAT 점수를 중요한 입학 기준으로 삼았다. 이때 8,000명이 시험에 응시했고, 과목은 산수, 논리, 독해, 개념 정의였다. SAT의 모형은 1차 세계 대전 중에 신병 선발에 사용된 IQ 테스트였다. 1905년 프랑스의 심리학자 알프레드 비네가 지능을 측정할 수 있는 최초의 IQ 테스트를 발명했는데, 비네의 의도는 느린 학습자를 식별해서 교육에 참조하기 위함이었다. 그것이 제1차 세계 대전 중에 미국에서 장교 후보자를 선발하는 테스트로 사용되었는데, 아이비리그 대학들이 이를 입학생 선발을 위한 시험으로 채택한 것이다.

이후 시험 과목과 형식에서 수차례 변화를 거치면서 SAT는 오늘날까지 미국 대학 입학의 표준 시험으로 자리 잡게 되었다. 현재는 '독해·작문'과 '수학' 2개 영역만 있고, '독해·작문'에 64분, '수학'에 70분으로 총 시험 시간은 2시간 14분이다. SAT 시험은 1년에 7회 실시되며 응시 횟수에는 제한이 없다. SAT를 요구하는 대학들 중에는 응시한 시험 중 최고 점수만 요구하는 곳이 있고, 최고 점수 2~3개를 요구하는 곳도 있으며, 응시한 모든 시험의 점수를 요구하는 곳도 있다.

SAT는 왜 인종 차별적 시험이라는 비판을 받았나?

미국의 대학 교육은 식민지 시대부터 아이비리그와 같은 사립 대학이 선도했다. 영국과 같은 나라의 엘리트 대학을 모방한 것으로 주로 성공한 사람들의 자제를 위한 교육 기관이었다. 하지만 미국이 점차 서부로 팽창하면서, 주민들의 세금으로 운영하는 지금의 중서부 주립 대학 시스템이 들어서게 되었다. 이들이 미시간, 오하이오, 일리노이, 아이오와, 인디애나, 위스콘신 등과 같이 각 주의 이름을 딴 중서부의 명문 주립 대학들이다.

계속된 서부 팽창으로 미국인들이 캘리포니아에 정착하면서, 중서부 주립 대학 시스템을 모방해서 캘리포니아 주립 대학 시스템이 구축되었다. 모든 대학은 주 정부에서 관할하는 주립대 시스템에 포함되며 각 캠퍼스의 이름은 해당 지역의 이름을 따서 지었다. 예를 들어, 버클리에 소재한 캘리포니아 주립 대학교가 UC 버클리이며, LA에 소재한 대학이 UCLA이고, 샌디에이고에 소재한 대학이 UC 샌디에이고이다. 전체 UC 대학들을 총괄하는 총장이 있고, 각 캠퍼스에는 챈슬러라는 개별 총장이 있다.

캘리포니아 주립 대학교를 포함한 미국 내 주립 대학교들은 동부의 아이비리그 대학들과는 달리 SAT를 입학 전형의 필수 조건으로 받아들이기를 꺼렸다. SAT가 이미 동부의 아이비리그 대학이나 육군 대학, 해군 대학 등 엘리트 교육 기관에서는 중요한 입학 기준으로 사용되었지만, 캘리포니아 주립 대학 시스템에 속한 주립 대학교들은 1960년대에 들어서야 SAT를 입학 서류의 필수 항목으로 지정했다.

캘리포니아 주립 대학들이 한동안 SAT를 적극적으로 수용하지 않은 이유 중의 하나는 SAT에 대한 논란 때문이었다. 그 논란 중에 가장 큰 것이 SAT가 능력주의를 조장한다는 것이다. 당시 많은 사람은 SAT가 백인 부유층 학생의 지적 우월성을 '증명'해서 그들이 엘리트 대학에 입학할 수 있도록 하는 도구라고 비판했다. 즉, SAT가 기존의 인종 차별을 강화하며, 제도적 인종주의와 계급주의를 정당화하는 수단으로 사용되고 있다고 비판했다. 특히, 캘리포니아는 미국에서 가장 많은 이민자가 거주하는 지역으로 교육 개방과 교육 평등을 지향했기 때문에 SAT를 아이비리그와 같은 사립 대학에서 엘리트주의를 심화하는 도구로 본 것이다.

이러한 주장이 설득력을 얻은 이유는 부유층 백인 학생들이 SAT에서 높은 성적을 얻어 명문 대학에 입학하기가 상대적으로 수월했기 때문이다. 반면, 유색 인종, 저소득층, 이민자 등 미국 주류 사회에서 배제된 그룹의 학생들은 시험에서 낮은 점수를 받았다. SAT를 비판적으로 보는 교육 전문가들은 SAT가 학생들의 타고난 지능을 측정하지 못하고, 상류층 학생들이 SAT를 준비하는 시간이나 환경에서 유리하기 때문에 좋은 점수를 받을 수밖에 없다는 점을 지적했다.

또한 흑인이나 히스패닉계 혹은 가난한 백인들에게는 불리한 문제 유형이 포함되어서 '부자 백인'들의 점수가 더 높게 나오도록 설계되었다는 비판이 제기되었다. 예를 들어, 수년 동안 SAT에는 '노 젓는 사람: 레가타' 혹은 '주자: 마라톤'과 같은 유추 문제가 포함되었다. 레가타는 '보트 경기'인데, 이 용어에 익숙한 부유한 백인들에게만 유리한 질문이라는 것이다. 그래서 SAT는 특권을 누리는 학생들과 그러지 못하는 학생들의 격차를 더욱 벌리는 편파적이며 인종 차별적인 시험이라는 비판을 받았다.

더 높은 성적을 요구받는
'아시아계의 세금'

SAT에서 빠질 수 없는 논란은 아시아계 미국인에 대한 차별이다. 아시아계 학생들은 대체로 SAT에서 다른 인종들에 비해 높은 점수를 받는다. 대부분의 아시아인은 교육을 중요하게 여기는 가정 및 사회적 배경을 가지고 있기 때문이다. 자녀들이 더 나은 삶을 살도록 하기 위해 부모들은 열성적으로 자녀 교육에 헌신한다.

아시아계 학생들은 SAT에서 고득점을 얻기 위해 방과 후에도 학원이나 과외를 통해서 '특별 수업'을 받곤 한다. 한국계 학생들의 경우가 대표적이다. 심지어 한국계 학생들은 방학 동안 한국에 와서 유명 SAT 학원을 다니기도 한다. 그래서 그들은 SAT에서 흑인과 히스패닉계 학생에 비해 압도적으로 높은 점수를 받으며, 백인들보다도 높은 점수를 받는다. SAT가 입학에서 중요한 기준이라면 아시아계가 명문 대학에 들어갈 확률이 다른 인종들보다 훨씬 높을 수밖에 없다.

하버드를 비롯한 명문 대학들은 갈수록 늘어가는 아시아계 학생들의 비율을 제어하기 위해서 여러 방안을 강구했다. 그중 하나가 아시아계 학생들에게 다른 인종 학생들보다 높은 SAT 점수를 요구하는 것이었다. 이는 특정 인종에 대한 인종 차별이란 비판을 받으며, 법적 소송의 대상이 되기도 한다. 하지만 대학들은 이를 '아시아계의 세금'이라고 일축한다. 너무 높은 SAT 점수에 대한 불이익을 '세금'이라고 표현하며, 교육 기회의 평등을 위해서 불가피한 조치라고 주장한다.

현재 대부분의 대학(80%), 특히 명문 대학들은 입학 서류에서 SAT를 '필수'가 아닌 '선택'으로 바꾸거나, 아예 요구하지 않고 있다. 이는 오랫동안 지속된 논란에 따른 것이며, 그것이 지원자들의 능력과 잠재력을 정확히 보여주지 못한다는 판단에 근거하지만, 갈수록 늘어나는 아시아계 학생들의 비율과 무관하지 않다.

과연 아시아계에 높은 SAT 점수를 요구하는 것과 SAT 무용론과 폐지 추세가 아시아계의 명문 대학 입학 비율을 낮추는 데 큰 변수가 될까? SAT 대신 클럽 활동, 운동, 지역 사회 리더십 등이 입학의 주요 조건이 되고 있는 추세가 아시아계 지원자들에게 불리하게 작용할까?

그렇지는 않다. 하버드는 2025년 신입생의 41%가 아시아계라고 밝혔다. 이는 전해보다 4%가 증가한 수치이다. 아시아계 학생들에게 요구되는 까다로운 입학 조건에도 불구하고 아시아계 입학생은 계속 늘고 있다. 현재 캘리포니아에 거주하는 아시아계는 전체 인구의 13%인데, 캘리포니아 주립 대학 전체에서 아시아계가 차지하는 비율은 40%를 넘는다. 캘리포니아 주립 대학들은 2021년부터 SAT를 입학 조건으로 요구하지 않고 있지만, 결과는 크게 변하지 않은 것이다. 아시아계 학생들은 대학에서 요구하는 인성과 리더십 영역에서도 자질을 입증하기 위해 더욱더 노력한다는 방증이다. 결국 아시아계에 대한 차별적인 입학 기준은 오히

려 아시아계가 향후 미국 주류 사회에서 더 큰 역할을 할 수 있는
토대를 제공하는 것이라고 할 수 있다.

생각의 깊이를 더해주는 최소한의 질문들

1 미국 북동부의 8개 명문 사립 대학을 통칭하는 이름은 무엇인가요?

2 현재 SAT의 모형이 된 것은 어떤 시험이었나요?

3 '아시아계의 세금(입학세)'이란 무엇인지 정리해보세요. (교육과
   평등)

Part 01
POLITICS | 정치·외교·군사력으로 읽는 미국의 진짜 힘

연방 vs 주 | 미국은 왜 주마다 법이 다를까?

1. 견제와 균형
2. 선점 원칙
3. 조례란 지방 자치 단체가 지역 실정에 맞게 제정하는 규칙이다. 예를 들어 서울시의 청소년 인권 조례, 제주도의 환경 관련 조례 등이 있다.

선거인단 | 표를 더 많이 받고도 대통령이 못 된다고?

1. 캘리포니아주 (54명)
2. 선동가가 국민을 현혹하여 견제와 균형을 흐트러뜨릴 수 있다고 우려했기 때문이다.
3. 한국은 국민이 직접 뽑는 직접 선거, 미국은 선거인단을 통한 간접 선거이다. 한국에서는 총 득표수가 가장 많은 후보가 당선되지만, 미국에서는 총 득표수에서 이기고도 선거인단 수에서 밀려 낙선할 수 있다.

스윙 스테이트 | 대선의 승패를 가르는 '경합 주'의 힘

1. 대도시

2. 당파적인 TV 채널, 유튜브, 소셜 미디어 등의 확산으로 유권자들이 자신과 같은 생각을 가진 사람들의 의견만 듣게 되었다.

3. 한국에서도 영남 지역은 보수 정당, 호남 지역은 진보 정당을 지지하는 경향이 강하다. 다만 최근에는 세대나 이슈에 따라 변화하는 모습도 보인다.

대선의 전통 | 한번 낙선하면 다시 출마하지 않는다고?

1. 수정 헌법 제22조

2. 재임에 실패한 대통령이 다시 대선에 도전한 것이 132년 만이기 때문이다.

3. 한국 대통령은 5년 단임제로 연임이 불가능하다. 미국 대통령은 4년 임기에 한 번 연임할 수 있어 최대 8년까지 재임할 수 있다.

9.11 테러 | 하루아침에 바뀐 미국의 외교 원칙

1. 토머스 페인

2. 공산주의의 위협을 받는 곳은 세계 어디든 미국이 개입하여 민주주의를 지킨다는 원칙이다.

3. 고립주의란 다른 나라의 일에 간섭하지 않고 자국에 집중하는 외교 정책이고, 개입주의란 자국의 안보와 이익을 위해 다른 나라의 일에 적극 관여하는 외교 정책이다.

군사력 | 미국은 중국, 러시아와 동시에 싸워도 이길까?

1. 미국 11척, 중국 3척, 러시아 1척

2. 미국은 중국 인근 괌, 일본, 한국 등에 기지와 동맹국이 있지만, 중국은 미국 인근에 기지나 동맹국이 없다.

3. NATO(북대서양조약기구)는 1949년 창설된 군사 동맹으로, 회원국이 공격 받으면 전체가 함께 방어하는 집단 방위 체제이다. 현재 32개국이 가입해 있다.

Part 02
ECONOMY | 전 세계 경제는 왜 미국을 중심으로 돌아갈까?

월스트리트 | 세계 금융의 중심이 된 뉴욕의 작은 거리

1. 네덜란드
2. 제2차 세계 대전
3. 주식은 기업의 소유권 일부를 나누어 갖는 것이고, 채권은 정부나 기업이 돈을 빌리면서 발행하는 차용증이다.

달러와 환율 | 왜 전 세계는 미국 돈을 쓸까?

1. 남북 전쟁
2. 페트로 달러 (사우디아라비아가 석유 대금으로 달러만 받겠다고 선포한 것)
3. 환율이란 한 나라 화폐와 다른 나라 화폐를 교환하는 비율이다. 원/달러 환율이 오르면 수출에 유리하고 수입에 불리하다.

리쇼어링 | 해외로 나갔던 공장들이 다시 돌아오는 이유

1. 인건비가 낮은 해외로 생산 시설을 이전하는 것
2. 코로나19 팬데믹과 우크라이나 전쟁
3. 삼성전자와 SK하이닉스가 각각 텍사스주와 인디애나주에 반도체 공장을, 현대자동차가 조지아주에 전기차 공장을 세웠다.

실리콘밸리 | 애플과 구글은 왜 한곳에 모여 있을까?

1. 스탠퍼드 대학교와 버클리 대학교
2. 동종 기업과의 연대와 협조, 공급 업체와의 근접성이 중요하기 때문이다.
3. 새로운 기술이나 아이디어를 바탕으로 높은 위험을 감수하며 시작하는 기업이다.

미·중 무역 전쟁 | 세계 1·2위 경제 대국의 대결

1. 빌 클린턴
2. 중국의 저가 상품이 대량 유입되면서 미국 내 제조업 일자리가 줄어든 현상.
   제조업 쇠락뿐 아니라 지식 재산 도용, 강제 기술 이전 등 여러 문제 의미하
   기도 한다.
3. 국가 간 무역 규칙을 정하고 무역 분쟁을 중재하는 국제기구이다. 1995년에
   설립되었다.

유대인과 경제 | 그들은 어떻게 금융 강자가 됐을까?

1. 반유대주의
2. 기독교인끼리 이자를 받고 돈을 빌려주는 것을 반기독교적 행위로 여겼기
   때문이다.
3. 본래의 땅을 떠나 타국에 흩어져 살면서도 고유한 정체성을 유지하는 현상
   이다. 유대인 외에 아일랜드인, 아프리카인 등이 대표적이다.

Part 03
REGION | 50개 주, 이 넓은 땅을 어떻게 다 차지한 거야?

영토 팽창 | 동부에서 서부로, 놀라운 속도로 커진 나라

1. 토머스 제퍼슨
2. 뉴욕의 신문 편집인 존 오설리번
3. 강대국이 군사력이나 경제력을 앞세워 다른 나라나 지역을 지배하려는 정책
   이다. 미국의 하와이 병합이 대표적인 사례이다.

원주민 | '눈물의 행로', 땅을 빼앗긴 사람들의 이야기

1. 앤드루 잭슨

2. 4분의 1 (1만 6,000명 중 약 4,000명)

3. 연방 정부의 보호 아래 원주민 부족이 관리하는 토지 구역이다. 현재 미국에 320여 곳이 있으며, 빈곤, 실업, 건강 문제 등이 심각하다.

바이블 벨트 | 교회가 만든 '굳건히 하나 된 남부'의 비밀

1. '굳건히 하나 된 남부'

2. 아프리카 흑인 노예의 유입으로, 흑인 노예들의 억양과 리듬이 기존 남부 억양과 섞이면서 독특한 억양이 형성되었다.

3. 국가 권력과 종교가 서로 간섭하지 않는 원칙이다. 미국 수정 헌법 제1조에 규정되어 있다.

워싱턴 D.C. | 남북 갈등이 만들어낸 특별한 수도

1. District of Columbia (컬럼비아 특별구)

2. 노예 제도를 둘러싼 남부와 북부의 갈등 때문에, 어느 쪽에도 치우치지 않는 중간 지점에 수도를 건설했다.

3. 둘 다 지역 간 갈등을 해소하기 위한 목적이 있다. 한국은 수도권 과밀을 해소하려는 목적이고, 워싱턴 D.C.는 남북 갈등의 완충 지대로 건설되었다.

시카고 | 갱스터의 도시가 어떻게 국가의 심장이 됐을까?

1. 1893년 만국 박람회 개최지 경쟁에서 뉴욕을 이긴 것

2. 《정글》(업턴 싱클레어 저)

3. 서부 개척의 경험이 개인주의, 물질주의, 민주주의 등 미국 고유의 국민성을 형성했다는 역사학자 프레더릭 터너의 학설이다.

라스베이거스 | 세계적인 관광 도시가 원래는 사막이었다고?

1. 목초지

2. 후버 댐 건설 (1931년)

3. 모르몬교(예수 그리스도 후기 성도 교회). 뉴욕에서 이단으로 낙인찍혀 서부로
    이주했으며, 1855년 라스베이거스에 요새를 세우고 처음 정착을 시도했다.

Part 02
SOCIETY | 미국 사회·문화를 이해하는 6가지 키워드

총기 사용 | 잦은 난사 사고에도 왜 총을 없애지 못할까?
1. 수정 헌법 제2조
2. 각 주마다 다른 규제법을 시행하고 있고, 전미 총기 협회(NRA)의 정치적 영
    향력이 막강하기 때문이다.
3. 특정 이익을 대변하는 개인이나 단체가 정치인이나 정부에 영향력을 행사하
    여 자신에게 유리한 정책이나 법률을 이끌어내려는 활동이다.

인종 갈등 | 아직도 끝나지 않은 흑인과 백인의 전쟁
1. LA 폭동
2. 대이주(Great Migration). 흑인 밀집 거주 지역이 슬럼화되며 흑인은 도심으
    로, 백인은 교외로 이동하는 흑백 분리가 시작되었다.
3. 인종, 성별 등에 의한 차별을 철폐하고 법 앞의 평등한 권리를 보장받기 위
    한 사회 운동이다. 1950~60년대 마틴 루서 킹 목사가 이끈 흑인 민권 운동
    이 대표적이다.

반이민 정서 | 이민자의 나라가 이민을 싫어하게 된 이유
1. '여럿으로 구성된 하나'
2. 중국인 이민 금지법
3. 한 사회 안에 서로 다른 인종, 민족, 종교, 문화가 공존하며 각각의 고유한
    정체성을 존중하는 사회적 가치관이다.

마약 문제 | 세계 최강국을 위협하는 가장 무서운 적

1. 영웅(hero)
2. 펜타닐. 마리화나 합법화 논쟁으로 제약 회사들이 "오피오이드는 무해하다"라고 광고하며 합성 오피오이드계의 대표적인 마약으로 떠올랐다.
3. 1960년대 미국에서 기존의 권위와 사회적 규범을 거부하며 자유와 평등을 추구한 사회 운동이다. 히피족이 주도했으며, '성 해방, 마약, 로큰롤'로 정의되기도 했다.

미식축구 | NFL 중계권료가 13조 원이라고?

1. 슈퍼 볼(Super Bowl)
2. 약 18분으로, 공수 교대, 타임아웃 등에 시간이 소요되고, 특히 TV 광고 시간이 추가로 포함되어 경기 시간이 더욱 늘어나기 때문이다.
3. 미국에서 탄생한 스포츠라는 정체성, TV 광고에 유리한 경기 구조, 학창 시절부터 익숙한 문화, 액션과 승부를 중시하는 미국인의 기질 등이 복합적으로 작용했다.

미국 대학 | 하버드에 가려면 '입학세'를 내야 한다고?

1. 아이비리그
2. 제1차 세계 대전 중 신병 선발에 사용된 IQ 테스트
3. 명문 대학들이 아시아계 학생에게 다른 인종보다 높은 SAT 점수를 요구하는 관행을 말한다. 대학들은 교육 기회의 평등을 위한 불가피한 조치라고 주장한다.

본문 이미지 출처

요즘 10대를 위한 최소한의 미국사

초판 1쇄 인쇄 2026년 3월 16일
초판 1쇄 발행 2026년 3월 30일

지은이 김봉중
펴낸이 이경희

펴낸곳 빅피시
출판등록 2021년 4월 6일 제2021-000115호
주소 서울시 마포구 월드컵북로 402, KGIT센터 19층 1906호

ⓒ 김봉중, 2026
ISBN 979-11-24137-33-8 44900
ISBN 979-11-94033-53-0 44900 (세트)